여기는 따로섬
경제를 배웁니다

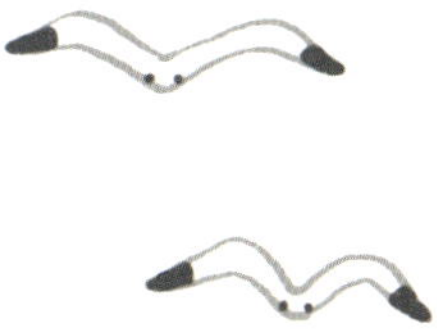

여기는 따로섬
경제를 배웁니다

원예지 글 | 유설화 그림 | 윤기호 감수

천개의바람

차례

1장 바꾸는 건 어려워! 008

2장 물건을 편하게 사려고 020

3장 한곳에서 물건을 사고팔아요 032

4장 돈을 맡기고 찾아 쓰는 곳 044

5장 비싸고, 싸고 054

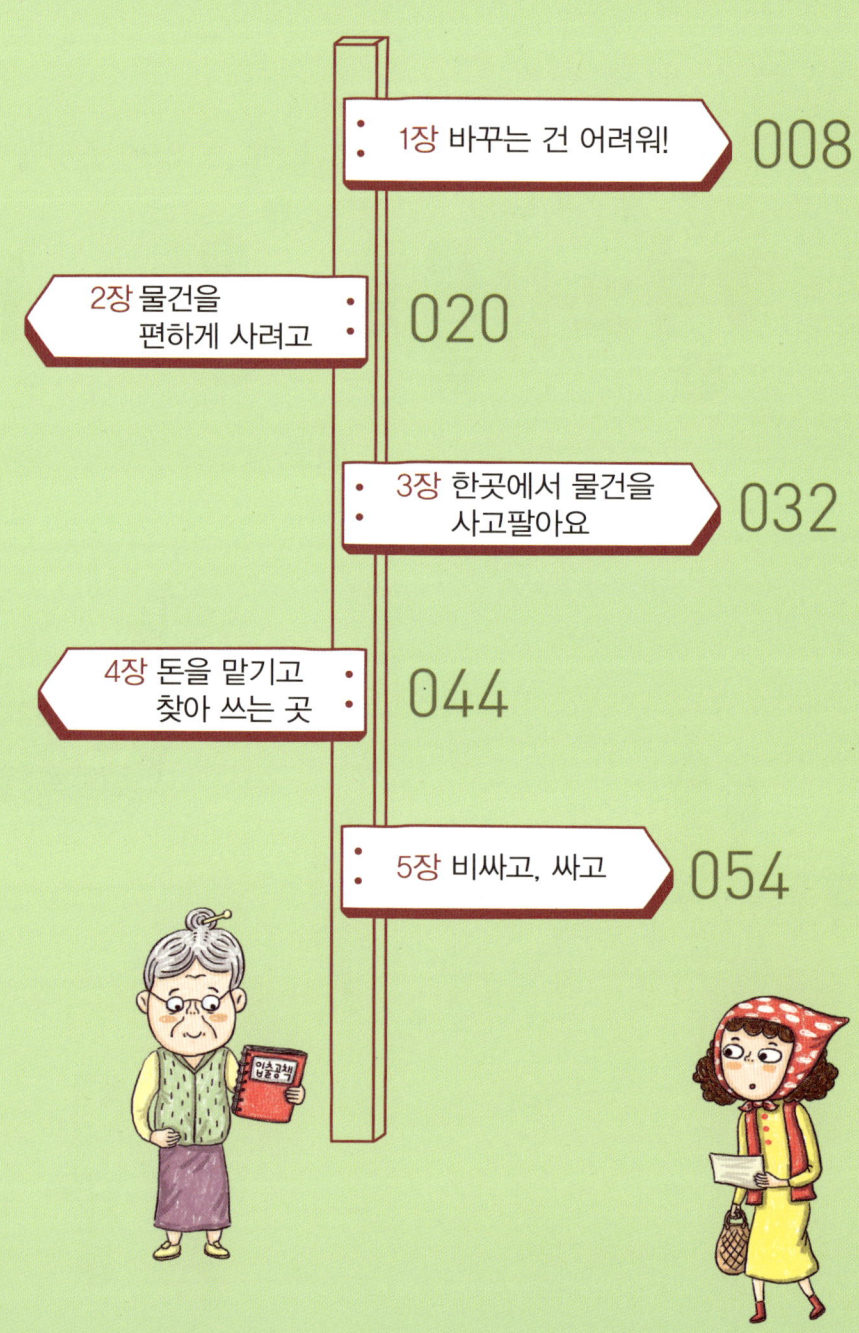

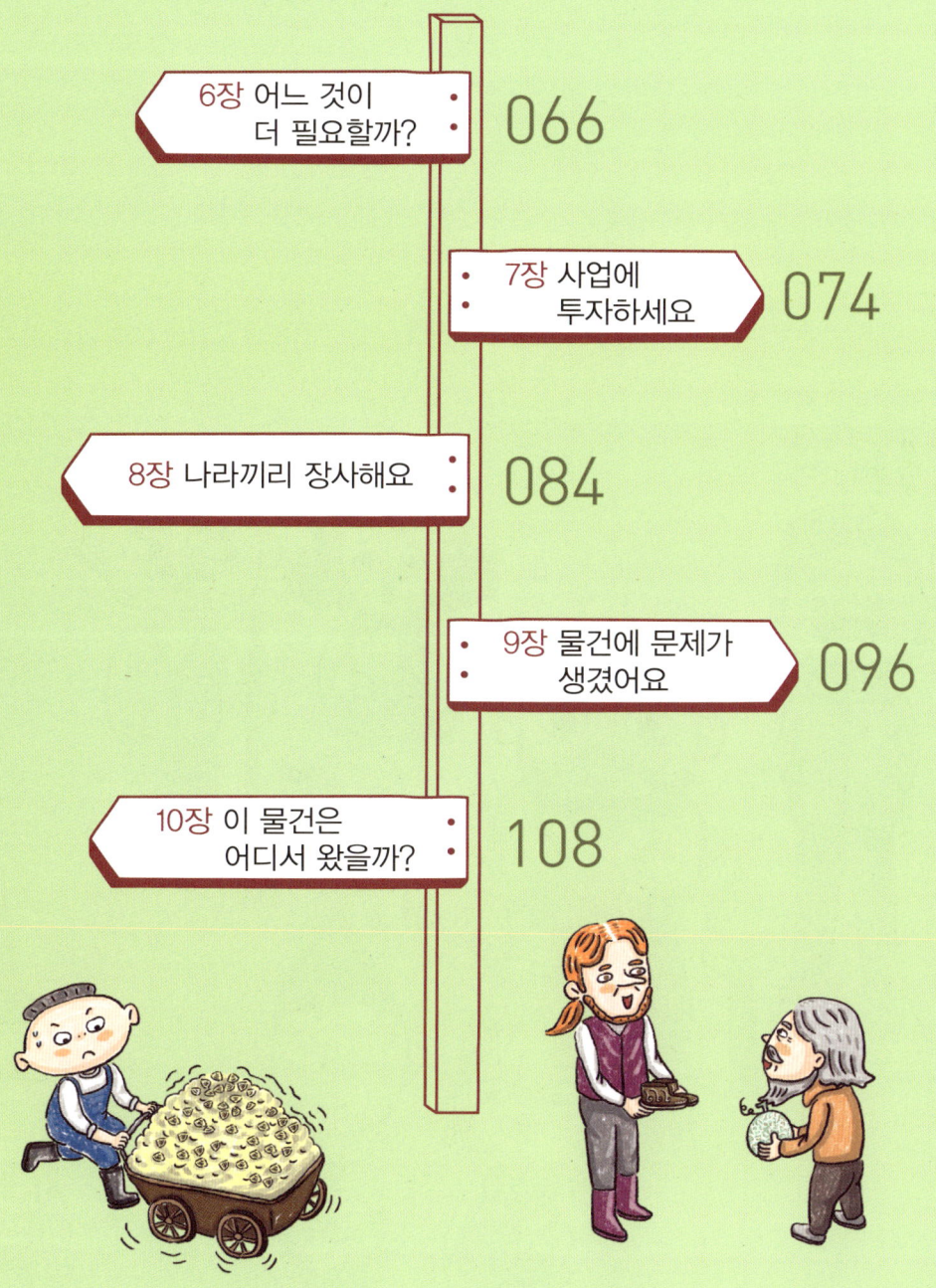

6장 어느 것이 더 필요할까? · 066

7장 사업에 투자하세요 · 074

8장 나라끼리 장사해요 · 084

9장 물건에 문제가 생겼어요 · 096

10장 이 물건은 어디서 왔을까? · 108

안녕하세요? 여기는 따로섬입니다.
따로섬은 푸른 바다에 둘러싸인 외딴 섬입니다.

족장님은 따로섬의 갖가지 일을 해결해 주어요.

꼬꼬 아주머니는 닭을 키워서 달걀이 아주 많아요.
목축업자인 **버터 아저씨**와 부부예요.
노란색 머리카락을 가진 딸 **삐약이**가 있어요.

도끼 씨는 숲에서 장작 패는 일을 해요.

오르락 군은 야자열매나 바나나를 따요.

호밀 씨는 밀을 키워요.

까까 군은 이발사예요.

따로섬에 사는 사람들은 모두 이 섬에서 태어나 자란 사람들입니다. 저마다 부지런히 일하며 서로 돕고 살아가고 있답니다.
따로섬 사람들을 소개합니다!

이영차 군은 물고기를 잡는 어부예요.

곰곰 할머니는 방앗간 주인이에요. 곡식 가루를 빻아서 팔아요.

동글 아가씨는 동그란 멜론을 키워요.

반짝 아가씨는 장신구를 만들어요.

뚝딱 아저씨는 가구를 만들거나 집을 짓는 목수예요.
제빵사인 **달콤 아주머니**와 부부지요.
귀여운 아들 **꼬불이**가 있어요.

1장
바꾸는 건 어려워!

직접 물건과 물건을 바꾸는 것을 **물물교환**이라고 해요.
물물교환을 해서 내게 없는 것을 얻을 수 있지만, 불편한 점이 있어요.

의자가 필요해요

 따로섬 사람들은 필요한 물건이 있으면 서로 바꿔 씁니다. 물건끼리 바꾸는 것뿐 아니라, 일을 해 주고 필요한 물건을 받기도 하지요.
 따로섬 최고의 이발사 까까 군은 여느 때처럼 아침 일찍부터 이발소를 쓸고 닦았습니다. 그러다 잠시 쉬려고 손님 의자에 걸터앉았지요.
 '앗, 아침밥 먹은 게 벌써 소화가 되려나?'
 까까 군은 꾸르륵거리는 배를 문지르며 뿌우웅, 방귀를 뀌었습니다.
 그런데 방귀가 너무 셌는지 그만 의자가 우지끈 부러져 버렸습니다. 큰일이에요! 까까 군의 이발소에는 의자가 단 한 개뿐이거든요.

"오늘도 머리 자르러 오는 사람들이 있을 텐데……. 어서 의자를 구해 와야겠어!"

까까 군은 콧노래를 부르며 개울 건너 사는 목수, 뚝딱 아저씨한테 달려갔습니다. 뚝딱 아저씨는 뚝딱뚝딱 식탁을 만들고 있었습니다.

"뚝딱 아저씨, 이발소 의자가 망가졌지 뭐예요? 머리를 멋지게 잘라 드릴 테니 서둘러 의자 하나만 만들어 주세요."

하지만 뚝딱 아저씨는 속상한 듯 말했습니다.

"까까 군, 나도 머리를 자를 수 있으면 소원이 없겠네."

뚝딱 아저씨는 모자를 벗으며 반들반들 윤이 나는 자신의 대머리를 쓰다듬었습니다. 이런,

대머리인 뚝딱 아저씨에게 실수를 했군요!

"죄송해요! 모자를 쓰고 계셔서 대머리인 줄 몰랐어요."

사과하는 까까 군에게 뚝딱 아저씨가 인자한 얼굴로 말했습니다.

"그렇다면 달걀을 구해다 주게나. 저녁에 달걀찜을 먹고 싶거든."

"아, 그러세요? 당장 달걀을 구해다 드릴게요."

까까 군은 닭을 키우는 꼬꼬 아주머니한테 달려갔습니다.

"꼬꼬 아주머니, 머리를 잘라 드릴 테니 달걀 좀 주세요."

하지만 꼬꼬 아주머니는 머리카락을 쓰다듬더니 곤란한 얼굴로 말했습니다.

"이런, 벌써 잊었어? 사흘 전에 까까 군이 내 머리를 잘라 주었잖아. 머리는 자르지 않아도 되고, 대신 야자열매를 구해다 줄래? 그러면 달걀을 줄게."

까까 군은 조금 실망했지만, 씩씩하게 길을 나섰습니다.

오르락 군 집 뒷마당에 이른 까까 군은

까마득하게 높은 야자나무 꼭대기에 대고 외쳤습니다.

"오르락 군, 머리 자를 때가 되지 않았나? 머리를 잘라 줄 테니 싱싱한 야자열매 부탁해!"

그런데 나무를 내려온 오르락 군의 말을 듣고 까까 군은 울상이 되었습니다.

"이를 어쩌지? 나는 당분간 머리를 자르지 않을 거야. 머리를 길러서 말 꼬리 모양으로 묶을 작정이거든."

오르락 군은 실망하는 까까 군의 표정을 보고 말을 이었습니다.

"너무 상심 마. 대신 내게 멜론을 좀 구해다 줄 수 있을까? 그러면 야자열매를 줄게."

까까 군은 어깨가 축 늘어진 채 길을 나섰습니다. '방귀를 뀌지 않았다면 좋았을 텐데.' 후회하며 터덜터덜 동글 아가씨 집으로 갔습니다.

"동글 아가씨, 머리를 잘라 드릴 테니 멜론 하나만 주지 않을래요?"

개미 소리만큼 자그마한 까까 군의 말을 듣고 동글 아가씨는 방긋 웃었습니다.

"어머, 그거 좋아요! 마침 머리를 자르려던 참이었는데, 잘 부탁해요."

까까 군은 그제야 신이 나서 동글 아가씨의 머리를 정성 들여 잘라 주었습니다.

동글 아가씨는 단정해진 머리 모양을 보고 기뻐하며 달콤한 멜론을 까까 군에게 주었습니다. 까까 군은 멜론을 들고 오르락 군에게 갔습니다. 오르락 군은 멜론을 받고, 야자열매를 내주었습니다. 까까 군은 야자열매를 들고 꼬꼬 아주머니한테 갔습니다. 아주머니는 야자열매를 받고, 달걀을 내주었습

니다. 까까 군은 달걀을 들고 뚝딱 아저씨에게 갔습니다. 아저씨는 달걀을 받고, 뚝딱뚝딱 의자를 만들어 주었습니다.

의자를 구하러 아침 일찍 출발했는데, 어느새 점심 먹을 시간이 훌쩍 지났습니다. 까까 군은 꼬르륵거리는 배를 부여잡고 이발소로 돌아왔습니다. 이발소 앞에는 곰곰 할머니가 서 있었습니다.

"까까 군, 이제 돌아오나? 머리 자를 때가 되어서 말이야."

"새 의자를 구해 오느라 좀 늦었어요. 어휴, 의자 하나 구하기가 이렇게 힘들어서야."

까까 군은 곰곰 할머니의 머리를 자르면서 의자를 구하려고 겪은 일들을 모두 털어놓았습니다. 뚝딱 아저씨에게 갔다가, 꼬꼬 아주머니에게 갔다가, 오르락 군에게 갔다가, 동글 아가씨에게 갔다가 다시 오르락 군, 꼬꼬 아주머니, 뚝딱 아저씨에게 되돌아온 긴 이야기를 말이지요.

"음, 만약 오늘 동글 아가씨가 머리를 자르지 않았다면, 자네는 따로섬을 열 바퀴쯤 돌 뻔했네. 그럼 나도 오늘 머리를 자르지 못했겠지. 아무래도 모두 모여서 더 나은 방법을 생각해 봐야겠구먼. 그런데 대체 의자는 왜 부서진 건가?"

"하하, 글쎄요."

까까 군은 하하하 웃으며 배를 어루만졌습니다.

똑똑똑 경제

물물교환의 단점

처음에 사람들은 필요한 것을 스스로 구했어요. 과일이 먹고 싶으면 나무에서 직접 땄고, 옷이 필요하면 직접 만들어 입었어요. 내가 가지고 있는 것만 쓰고 누렸어요. 이것을 '자급자족'이라고 해요.

그러다가 서로 필요한 것을 맞바꾸어 내게 없는 것도 얻기 시작했어요. 바닷가에 사는 사람들은 육지에 있는 쌀이 필요하고, 육지에 사는 사람들은 바다에서 나는 생선이 필요해요. 필요한 물건을 가진 사람들끼리 직접 물건을 맞바꾸는 '물물교환'을 통해 서로 필요한 것을 구했지요. 하지만 물물교환은 몇 가지 불편한 점이 있어요.

▶ **필요한 물건을 가진 사람을 직접 찾아야 해요.**

내가 소금이 필요하면, 소금을 가지고 있는 사람을 만나야 해요. 소금을 가지고 있는 사람을 주변에서 찾지 못하면 소금을 구할 수 없어요.

▶ 서로 원하는 물건이 맞아떨어져야 해요.

상대방이 필요한 물건이 내게 있어야 맞바꿀 수 있어요. 나는 생선이 필요하지만, 생선을 가진 상대방이 원하는 것이 내게 없다면, 서로 바꿀 수 없어요.

▶ 물건값에 대해 사람마다 다르게 생각해요.

서로 원하는 물건이 맞아떨어져도 물건값을 서로 다르게 생각하면 물물교환을 하기가 어려워요. 나는 생선 10마리와 쌀 1포대를 바꾸는 것이 적당하다고 생각하는데, 상대방은 생선 10마리를 쌀 3포대와 바꾸는 것이 적당하다고 생각하면 흥정을 해야 하지요. 서로 생각하는 물건값의 차이가 크면 흥정이 어렵고 물건을 바꾸기 어려워요.

▶ 바꾸기 어려운 물건도 있어요.

물물교환을 하려면 직접 물건을 들고 가서 바꾸어야 하는데 물건이 너무 크거나 무거우면 들고 갈 수가 없어요. 또 음식처럼 쉽게 상하거나 얼음처럼 쉽게 변하는 물건은, 필요한 물건을 가진 사람을 빨리 만나지 않으면 맞바꾸기 어려워요.

2장
물건을 편하게 사려고

사람들이 물건을 얻기 위해 교환할 수 있도록 만든 수단이 **돈**이에요.
어떤 것을 돈으로 썼을까요?

돈을 만들었어요

 까까 군이 의자를 구하느라 고생한 일이 순식간에 섬 전체에 알려졌습니다. 얼마 뒤 따로섬 사람들이 모두 족장님 집에 둘러앉았습니다. 필요한 물건을 구할 수 있는 더 좋은 방법을 의논하기로 했거든요.
 "물건끼리 서로 바꾸는 것은 아무래도 불편한 점이 많아요. 좀 더 좋은 방법 없을까요?"
 그러자 꼬꼬 아주머니가 먼저 말문을 열었습니다.
 "물건끼리 바꾸지 말고, 구하기 쉬운 물건을 매개체로 써서 주고받으면 어때요? 이를테면 돌멩이 같은 거 말이에요."
 "그러다 섬에 있는 돌멩이를 죄다 주워서 쓰면 어떡해요?"

달콤 아주머니가 반대했습니다.

"그럼, 밀은 어때요? 모두들 집에서 밀로 빵과 수프를 만들어 먹잖아요. 밀은 누구에게나 똑같이 필요하니까 밀로 주고받으면 좋겠어요."

뚝딱 아저씨가 새로운 의견을 냈습니다. 그런데 도끼 씨가 고개를 절레절레 흔들었습니다.

"밀은 누구에게나 필요하긴 하지만, 너무 무겁고 물에 젖으면 쉽게 부스러져 버려요."

그때 까까 군한테 좋은 생각이 떠올랐습니다.

"맞아요! 우리 섬에 잔뜩 있는 조개껍데기를 쓰면 어떨까요? 물에 젖어도 괜찮고 잘 망가지지도 않으니까 말이에요."

"우아, 정말 좋은 생각이에요!"

따로섬 사람들이 모두 찬성하였습니다. 그러자 족장님이 한 가지 생각을 덧붙였습니다.

"각자 조개껍데기를 300개씩 주워 오면, 내가 조개껍데기에 족장의 표시를 해 줄게요. 그럼 조개껍데기를 마구 주워 와서 쓰는 일을 막을 수 있겠죠?"

그 후 따로섬 사람들은 족장의 표시가 되어 있는 조개껍데기를 '돈'이라고 불렀습니다. 따로섬 게시판에는 돈으로 가치를 매긴 가격표가 붙게 되었고요.

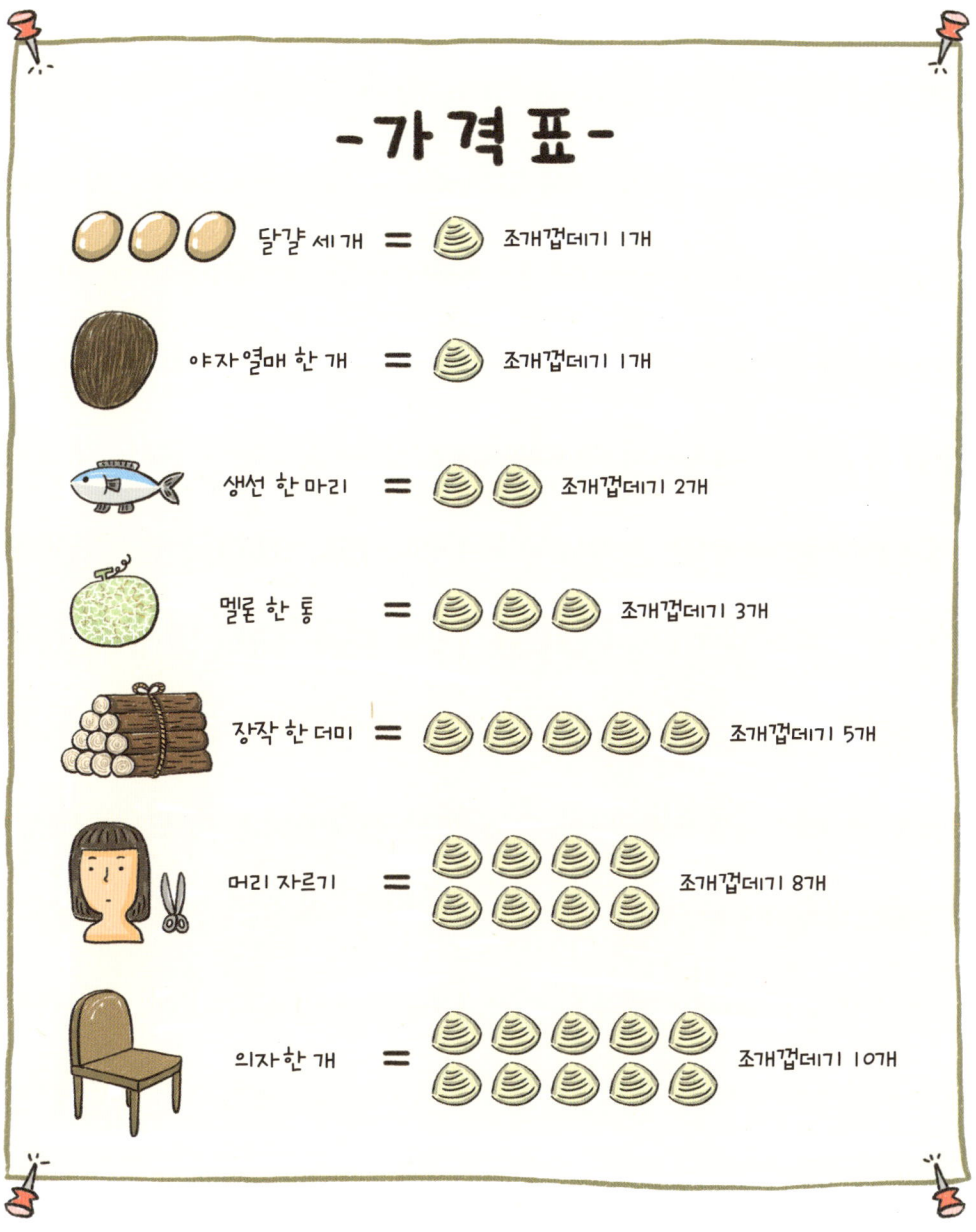

그로부터 며칠 뒤, 어부 이영차 군이 아침 일찍 집을 나서 뚝딱 아저씨한테 갔습니다. 통나무를 톱질하던 뚝딱 아저씨가 반갑게 맞이했습니다.

"뚝딱 아저씨, 큰 배가 필요해요. 정어리를 더 많이 잡으려고요. 지금 배의 두 배 정도 크기면 좋겠어요."

뚝딱 아저씨가 시원하게 고개를 끄덕였습니다.

"좋아! 따로섬에서 가장 큰 배를 만들어 주지. 그런데 조개껍데기 200개는 받아야겠어."

"걱정 마세요. 배가 완성되면 바로 가져다 드릴게요."

열흘이 지나고 드디어 이영차 군의 배가 완성되었습니다. 이영차 군은 배값으로 뚝딱 아저씨한테 줄 조개껍데기를 수레에 실었습니다.

"하나, 둘, 셋, 넷, 다섯, 여섯 …… 아흔아홉, 백! 더는 못 싣겠네. 수레에는 100개밖에 못 싣겠어."

이영차 군은 수레를 끌고 뚝딱 아저씨네 집으로 갔습니다. 뚝딱 아저씨의 집은 하필 섬 반대편에 있어서, 가는 데 오래

걸렸습니다.

"헉헉, 뚝딱 아저씨, 여기 조개껍데기 100개요. 나머지 100개도 또 가져다 드릴게요."

이영차 군은 숨을 헉헉대며 다시 집으로 돌아가 수레에 조개껍데기를 실었습니다.

"하나, 둘 …… 아흔아홉, 백!"

이영차 군은 힘겹게 수레를 끌고 갔습니다. 그러다가 그만 수레가 한쪽으로 기울어 쓰러져 버렸습니다. 이영차 군은 조개껍데기를 다시 다 주워 담은 뒤, 휘청휘청 수레를 끌고 뚝딱 아저씨 집에 겨우 이르렀습니다.

"아니, 왜 이리 늦었어?"

"오다가 수레가 쓰러져서요. 조개껍데기를 다시 담아 끌고 오느라 늦었어요. 자, 나머지 100개를 세 보세요."

뚝딱 아저씨는 조개껍데기를 열심히 세었습니다.

"하나, 둘, 셋, 넷, 다섯, 여섯 …… 아흔여덟. 아흔여덟? 이보게, 조개껍데기가 98개인걸."

"그럴 리가요, 저는 분명 100개를 담아 왔어요. 제가 다시 세 볼게요."

 이영차 군은 다시 한 번 조개껍데기를 세어 보았습니다. 이상하네요! 분명 100개를 세어 왔는데 수레에는 조개껍데기가 98개밖에 없지 않겠어요?

 이영차 군은 고개를 갸우뚱하며 왔던 길을 되돌아가 보았습니다. 한참을 찾으니 길바닥에 반짝이는 조개껍데기 두 개가 뒹굴고 있었습니다. 이영차 군은 한숨을 내쉬며 조개껍데기를 주워 들고 다시 뚝딱 아저씨네 집으로 갔습니다.

 "어휴, 한두 개는 괜찮은데 조개껍데기 200개를 가져오려니 정말 힘드네요. 뭐, 좋은 방법 없을까요?"

뚝딱 아저씨는 잠시 생각에 잠겼습니다. 그러다 무릎을 탁 치며 말했습니다.

"옳거니! 우리 따로섬에 여러 크기의 조개껍데기가 있잖나?"

"그렇지요. 커다란 가리비도 있고, 비단조개도 있고요. 아하, 뚝딱 아저씨가 무슨 말씀을 하시는지 알겠어요."

이영차 군은 조개껍데기 더미에서 여러 가지 조개껍데기를 꺼냈습니다.

"조개껍데기 크기에 따라 가치를 다르게 하는 거지요. 작은 조개껍데기 10개를 합해서 큰 크기의 조개껍데기 1개와 같게 가치를 매기는 거예요."

"그렇지, 그러면 큰 조개껍데기 1개는 작은 조개껍데기 10개와 같은 것이 되겠지? 자네는 배를 만들기 위해 나에게 큰 조개껍데기 20개만 주면 되고. 어때, 좋은 생각이지?"

뚝딱 아저씨의 말에 이영차 군이 짝짝 박수를 쳤습니다.

"뚝딱 아저씨, 우리끼리 이럴 게 아니라 족장님께 가서 불편한 점을 이야기하고 고치도록 해요."

"그래, 어서 가자고!"

이영차 군과 뚝딱 아저씨는 족장님한테 가서 자신들의 생각을 이야기했고, 족장님도 껄껄 웃으며 좋은 생각이라고 찬성했습니다. 이제 따로섬 사람들은 많은 개수의 조개껍데기를 끙끙대며 무겁게 지고 다닐 필요가 없어졌답니다.

똑똑똑 경제

돈의 역할

　내가 원하는 물건을 갖기 위해 물건을 가진 사람에게 내는 것이 '돈'이에요. 돈은 꼭 정해져 있는 건 아니에요. 곡식이든 천이든 조개껍데기든 서로가 돈으로 인정하면 쓸 수 있어요. 돈은 어떤 역할을 할까요?

▶ 돈은 물건과 바꿀 수 있어요.

500원의 값어치인 사탕은 500원의 돈을 주고 바꿀 수 있지요. 물건은 그 물건값만큼의 돈과 바꿀 수 있도록 사람들이 약속을 했어요.

▶ 돈은 물건값을 나타내는 기준이에요.

사람마다 값을 다르게 나타내면 물건의 가치를 정확하게 알기 어려워요. 돈으로 물건값을 나타내면, 어떤 것이 더 가치가 크고 작은지 분명하게 알 수 있어요.

▶ **돈은 가치를 저장하는 수단이에요.**

돈은 표시된 금액만큼 가치를 가지고 있어요. 100원은 100원만큼의 가치를, 500원은 500원만큼의 가치를 가져요. 돈은 가지고 있다가 필요한 때에 꺼내 그 금액만큼 쓸 수 있어요.

우리나라의 옛날 돈

금속으로 만든 돈을 주화라고 해요. 우리나라에서는 고려시대부터 주화를 만들어 썼어요. 지금까지 전해지는 우리나라 주화 중에 가장 오래 된 것은 '건원중보'예요. 996년에 만들어진 철로 된 돈이지요. 그런데 철로 된 돈은 쉽게 녹이 슬었어요. 그래서 1102년부터 동으로 '해동통보'를 만들었어요.

고려시대에 주화를 만들긴 했지만 일상적으로 많은 사람들이 사용하진 않았어요. 돈이 많이 쓰이기 시작한 것은 조선시대에 들어서였어요. 조선시대에 가장 널리 쓰인 돈은 '상평통보'예요. 물가 조절 기관이었던 상평창에서 발행한 돈이지요.

건원중보

해동통보

상평통보

3장
한곳에서 물건을 사고팔아요

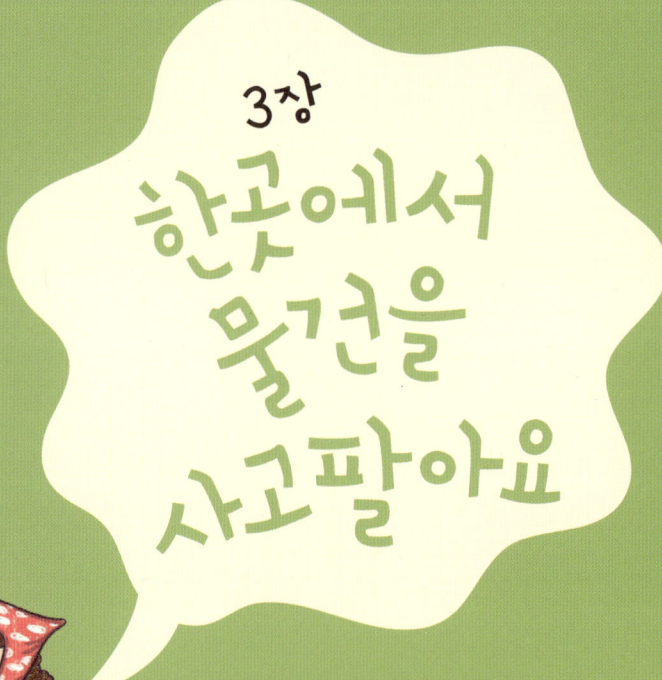

사람들이 만나 물건을 사고파는 곳이 **시장**이에요.
시장은 어떻게 생겨났을까요?

광장에서 만나요

오늘은 버터 아저씨의 생일입니다. 부인인 꼬꼬 아주머니는 생일잔치를 열기로 했습니다. 잔치 음식으로 빵과 멜론 야자 샐러드, 생선구이, 달걀찜을 차리기로 결정했습니다.

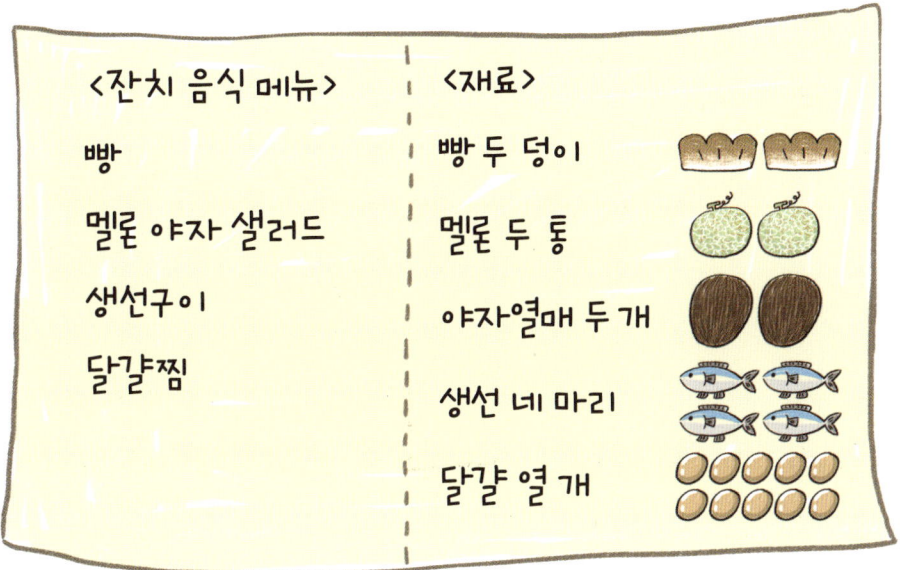

달걀은 꼬꼬 아주머니네 농장에 있는 걸 쓰면 되니까, 나머지 재료만 사러 가면 되겠네요.

하지만 꼬꼬 아주머니는 한숨을 쉬며 혼잣말을 했습니다.

"어휴, 지난번에 내가 멜론 야자 샐러드를 만들려고 뛰어다닌 걸 생각하면……. 재료를 다 사고 나니 저녁 시간이 됐지 뭐람. 오늘은 생선하고 빵까지 구해야 하니까 더 오래 걸리겠는걸."

그때 오르락 군이 벌컥 문을 열고 들어왔습니다.

"꼬꼬 아주머니! 저 달걀 다섯 개만 주세요."

오르락 군은 달걀값을 내려고 주머니를 뒤적였습니다.

"이런, 돈을 안 가져왔어요. 다시 집에 갔다 올게요."

오르락 군이 멋쩍게 웃으며 급히 돌아서는데, 꼬꼬 아주머니가 붙잡았습니다.

"오르락 군, 나도 오르락 군의 야자열매가 필요해. 혹시 이따 12시에 광장에서 만나면 어때?"

"정말요? 그러면 저야 편하지요."

오르락 군도 기뻐했습니다.

"야자열매 말고도, 나는 오늘 동글 아가씨한테 멜론, 달콤 아주머니한테 빵, 이영차 군한테 생선도 사야 해. 혹시 그 사람들도 필요한 것이 있지 않을까?"

"그럼 제가 동글 아가씨에게 12시에 광장에서 만나자고 전할게요. 아주머니도 달콤 아주머니와 이영차 군에게 알려 주세요."

꼬꼬 아주머니는 곧바로 이영차 군에게 갔습니다.

"이영차 군, 물고기 많이 잡았어?"

"예, 뚝딱 아저씨가 만들어 준 큰 배를 타고 다니니 훨씬 많이 잡을 수 있더라고요."

"이따가 12시에 광장에서 서로 물건을

사고팔기로 했어. 나와 오르락 군이 만나기로 했고, 동글 아가씨와 달콤 아주머니한테도 말할 거야. 이영차 군도 나와서 물고기를 팔래?"

그 말에 이영차 군은 좋은 생각이라며 맞장구를 쳤습니다.

"마침, 저도 빵이 필요했는데 잘됐네요."

꼬꼬 아주머니는 다음으로 달콤 아주머니 집에 갔습니다. 달콤 아주머니는 남편 뚝딱 아저씨와 차를 마시고 있는 중이었습니다.

"달콤 아주머니, 뚝딱 아저씨, 안녕하세요? 이따가 12시에 광장에서 서로 물건을 사고팔기로 했어요. 저와 오르락 군, 이영차 군이 나오기로 했고, 동글 아가씨한테도 말할 거예요. 달콤 아주머니도 나오시겠어요?"

"마침 남편이 멜론을 먹고 싶다고 했는데, 그때 사면 편하겠어요."

달콤 아주머니는 기쁜 듯 맞장구를 친 다음, 뚝딱 아저씨를 보며 말했습니다.

"아참, 여보. 어제 작은 선반을 만들었잖아요? 12시에 광장에 나가 팔면 어때요?"

"오, 좋은 생각이에요."

뚝딱 아저씨 역시 기뻐하며 말했습니다.

그 순간, 꼬꼬 아주머니한테 더 좋은 생각이 떠올랐습니다.

"달콤 아주머니, 뚝딱 아저씨, 섬사람 모두에게 우리가 물건을 사고팔기로 한 시간을 알려 주면 어떨까요? 그러면 모두들 편리하게 물건을 사고팔 수 있잖아요."

"그거 좋은 생각이네요. 찬성이에요!"

달콤 아주머니와 꼬꼬 아주머니는 만나는 사람마다 물건을 사고팔기로 한 장소와 시간을 알려 주었습니다.

마침내 약속한 12시가 되었습니다. 모두들 자신이 팔 물건을 들고 광장에 둘러앉았습니다. 꼬꼬 아주머니, 오르락 군, 달콤 아주머니, 뚝딱 아저씨, 이영차 군, 도끼 씨, 곰곰 할머니, 동글 아가씨, 호밀 씨 모두 자신의 물건을 가지고 와서 내놓았습니다.

"빵 사세요. 갓 구운 빵이라 아주 맛있어요."

"야자열매 팔아요. 바나나도 팔아요."
서로서로 필요한 물건을 사기도 했습니다.
"마침 새 선반이 필요했는데, 이거 하나 사 갈게요."
"정어리가 싱싱해 보여요. 두 마리 주세요."
모두들 가지고 나온 물건을 팔면서, 필요한 물건도 손쉽게 살 수 있어 만족했습니다.

꼬꼬 아주머니 역시 재료를 빨리 산 덕분에 느긋하게 생일 잔치 요리를 할 수 있었습니다. 모락모락 김이 나는 생선구이와 보기만 해도 상큼한 멜론 야자 샐러드, 그리고 따끈하고 보드라운 빵과 달걀찜이 놓인 생일상이 차려졌습니다.

그리고 즐거운 잔치가 시작되었습니다.

"생일 축하해요, 버터 아저씨!"

모두들 꼬꼬 아주머니의 멋진 요리 솜씨를 칭찬하며 맛있게 먹었습니다.

"참, 오늘 마을 광장에 모여서 물건을 사고판 게 꼬꼬 아주머니 생각이라면서요? 덕분에 나도 필요한 물건을 한꺼번에 구할 수 있어서 좋았어요."

반짝 아가씨가 웃으며 말했습니다.

"편하게 물건을 구할 방법을 떠올리다가요. 이렇게 함께 모여서 물건을 사고파니까 편했죠? 우리 앞으로도 이렇게 모여서 물건을 사고팔면 어떨까요?"

꼬꼬 아주머니의 말에 모두 찬성했습니다.

"좋아요. 그럼 우리 5일에 한 번씩, 오늘처럼 12시에 광장에 모여서 물건을 사고팔도록 합시다."

이렇게 해서 버터 아저씨의 생일날, 따로섬에도 '시장'이 생겼습니다. 앞으로 따로섬 사람들은 더 이상 산 넘고 물 건너 물건을 구하러 다니지 않아도 되겠죠?

똑똑똑 경제

시장의 종류

▶ 언제 열리는가?

3일에 한 번씩 열리는 3일장, 5일에 한 번씩 열리는 5일장과 같이 정해진 날짜에 열리는 시장을 '정기 시장'이라고 해요. 매일 열리는 백화점이나 마트 등은 '상설 시장'이라고 하고요.

5일장(정기 시장)

마트(상설 시장)

▶ 누구에게 파는가?

소비자에게 직접 물건을 파는 '소매 시장'과 중간상인들에게 물건을 파는 '도매 시장'으로 나눌 수 있어요. 도매 시장에서는 중간상인들에게 물건을 한꺼번에 많이 팔기 때문에 가격이 싸요.

도매 시장

▶ 무엇을 파는가?

곡식 등의 농산물을 파는 농산물 시장, 생선이나 조개 등을 파는 수산물 시장, 채소와 과일을 파는 청과물 시장, 가전 제품을 파는 전자 기기 시장, 옷을 파는 의류 시장, 여러 가지 악기를 파는 악기 시장 등이 있어요.

수산물 시장

전자 기기 시장

의류 시장

악기 시장

4장
돈을 맡기고 찾아 쓰는 곳

돈을 쓰는 일이 많아지면서 사람들은 돈을 잘 관리하기 위해 **은행**을 만들었어요. 은행이 어떤 일을 하는지 살펴보아요.

돈을 맡겨요

곰곰 할머니네 방앗간에 아침 일찍 달콤 아주머니가 찾아왔습니다. 달콤 아주머니는 입이 오리만큼 나와서 부루퉁한 얼굴이었어요.

"안녕하세요, 곰곰 할머니. 밀가루 한 자루 주세요."

"그래. 그런데 달콤 아주머니 오늘 기분이 좋지 않나 봐. 무슨 일 있어?"

달콤 아주머니는 한숨을 크게 쉬고 말했습니다.

"어휴, 어젯밤에 남편이 갑자기 막 깨우지 뭐예요?"

"아니, 왜? 급한 일이라도 있었던 거야?"

"글쎄, 창고에 작은 조개껍데기가 306개 있어야 하는데, 세어 보니 304개밖에 없다는 거예요."

곰곰 할머니는 고개를 갸우뚱했습니다.

"혹시 뚝딱 아저씨가 잘못 기억한 거 아니야?"

"저희 집은 조개껍데기를 벌거나 쓸 때마다 공책에 적어 둔답니다."

"오호라, 그것 참 좋은 방법이구만."

"어제 작은 조개껍데기가 310개 있었는데 제가 4개를 썼거든요. 그럼 306개가 있어야 하는데……."

곰곰 할머니가 달콤 아주머니의 등을 토닥이며 말했습니다.

"조개껍데기가 자꾸 늘어나 헷갈릴 수밖에……."

"게다가 우리 집 창고는 허술해서 영 믿을 만하지 못해요. 쥐가 물고 가는 것 같기도 하고요."

달콤 아주머니는 곰곰 할머니네 방앗간에 딸린 창고를 유심히 살펴보았습니다.

벽돌로 아주 튼튼하고 안전하게 지어져 있었습니다.

"이렇게 튼튼한 창고에 누가 조개껍데기를 맡아 줬으면 좋겠어요. 필요할 때만 꺼내 쓰면 잃어버릴 일이 없겠죠?"

그 말에 곰곰 할머니가 말했습니다.

"그럼 여기에 조개껍데기를 맡겨 놔. 몇 개를 맡겼는지 내가 적어 줄게."

"어머, 역시 곰곰 할머니가 최고예요. 얼른 조개껍데기를 가져올게요!"

달콤 아주머니는 뚝딱 아저씨와 함께 집에 있던 조개껍데기를 가져왔습니다. 곰곰 할머니는 조개껍데기를 꼼꼼히 잘 세어 보았습니다.

"큰 조개껍데기 50개, 작은 조개껍데기 304개로군. 좋아, 여기 수첩에 적어 놓았어. 다음에 이 수첩을 들고 찾아오면 원하는 대로 조개껍데기를 꺼내 줄게."

　이 소문은 퍼지고 퍼져, 따로섬 사람들이 하나둘 곰곰 할머니의 창고에 조개껍데기를 맡기기 시작했습니다. 사람들은 곰곰 할머니의 조개껍데기 창고를 '은행'이라고 불렀습니다. 곰곰 할머니가 맡아 준 조개껍데기의 개수를 쓴 수첩은 '통장'이라고 불렀고요. 사람들은 곰곰 할머니 덕분에 언제든지 조개껍데기를 맡겼다 찾을 수 있었습니다.

　그러던 어느 날, 오르락 군이 곰곰 할머니를 찾아왔습니다. 곰곰 할머니는 따뜻한 차를 대접하며 반갑게 맞았습니다.

"오르락 군, 무슨 일 있나?"

"곰곰 할머니, 부탁이 있어요. 야자열매를 더 많이 따서 조개껍데기를 더 많이 벌고 싶은데, 그러려면 커다란 톱과 창고가 필요해요. 저에게 조개껍데기를 좀 빌려주시면 안 될까요? 제가 야자열매를 많이 따서 갚을게요. 물론 빌려준 대가로 제가 빌린 조개껍데기보다 더 많이 돌려드리고요."

"오르락 군, 조개껍데기를 빌려줄 테니 걱정 말게. 빌려 간 조개껍데기보다 더 많이 돌려주면 은행도 원래보다 조개껍데기를 더 많이 갖게 되어 이득이니까."

오르락 군은 조개껍데기를 빌려서 돌아갔습니다. 그 조개껍데기로 톱과 창고를 마련하여 야자열매를 더 많이 따서 많은 조개껍데기를 벌었습니다. 빌린 조개껍데기는 물론, 빌린 대가로 더 돌려줄 조개껍데기까지 모두 갚을 수 있었지요. 곰곰 할머니에게도, 오르락 군에게도 이득이 된 셈이에요.

많은 돈을 번 오르락 군을 모두들 축하해 주었습니다.

"이게 다 은행에서 조개껍데기를 빌린 덕분이에요."

오르락 군이 의기양양하게 말했습니다.

그러자 옆에 있던 이영차 군이 말했습니다.

"오호라, 그럼 나도 튼튼한 새 그물을 사고 싶은데, 은행에 가서 물어봐야겠군."

까까 군도 흥미로워했습니다.

"저도 이발소 지붕이 망가져서 지푸라기로 대강 덮어 놨는데 은행에 가 봐야겠어요. 돈이 모자라서 이제껏 고치지 못했거든요. 조개껍데기를 빌려서 고쳐야겠어요."

반짝 아가씨 역시 관심을 보였습니다.

"새로운 장신구를 만들 보석을 사야 했는데 잘됐네요. 얼른

은행에 가 봐야겠어요."

 따로섬 사람들은 곰곰 할머니의 은행 덕분에 조개껍데기를 맡기고 필요할 때 꺼내 쓸 수 있게 되었습니다. 또 많은 조개껍데기가 필요할 땐 빌려 쓸 수도 있었지요. 사람들은 모두 편리하다고 입을 모았습니다.

똑똑똑 경제

은행이 하는 일

▶ 예금과 대출

은행에 돈을 맡기는 것을 '예금'이라고 해요. 예금에는 돈을 자유롭게 맡기고 찾는 '보통 예금', 큰돈을 한꺼번에 맡기  고 일정 기간이 지난 후 다시 찾는 '정기 예금', 매달 정해진 금액을 맡기고 정해진 기간이 지나면 찾는 '정기 적금'이 있어요. 은행은 사람이나 기업에게 돈을 빌려주는데, 그것을 '대출'이라고 해요. 은행은 돈을 빌려준 대가로 이자나 수수료를 받아 그 일부를 원래 예금했던 사람들에게 나눠 주어요.

▶ 공과금 수납

은행은 세금 또는 공과금 등을 대신 받아 주어요. 아파트 관리비나 학교에 내는 돈도 은행에서 받아 처리해 주어요.

▶ 외환 업무

외국으로 여행을 가려면 외국 돈이 필요해요. 이때 은행에 가면 우리나라 돈을 외국 돈으로 바꿀 수 있어요. 마찬가지로 여행하고 와서 남은 외국 돈을 우리나라 돈으로 다시 바꿀 수 있어요.

은행의 종류

▶ 중앙은행

나라의 돈을 관리하는 은행이에요. 돈을 얼마나 많이 만들지 정해서 돈을 만들어요. 또 '은행의 은행' 역할도 해요. 일반은행이 중앙은행에 돈을 맡기거나 돈을 빌리기도 하지요. 우리나라의 중앙은행은 한국은행이에요.

▶ 일반은행

돈을 맡기거나 돈을 찾을 때 집 근처에서 쉽게 이용하는 은행이 대부분 일반은행이에요.

▶ 특수은행

특수은행은 특별한 목적을 가지고 만든 은행이에요. 작은 기업들이 열심히 생산 활동을 할 수 있도록 만든 중소기업은행, 농민을 도와주는 농업협동조합, 어민을 도와주는 수산업협동조합 등이 특수은행이에요.

5장
비싸고, 싸고

물건의 값을 돈으로 나타낸 것을 **가격**이라고 해요.
가격은 어떻게 정해지는 걸까요?

야자열매 가격이 올랐어요

이번 여름, 따로섬에는 엄청난 폭풍우가 몰아쳐서 나무가 많이 쓰러졌습니다. 물론 야자나무도 예외는 아니었지요. 쓰러진 나무를 다시 세우고 동여맸지만, 나무에서는 야자열매가 열리지 않았습니다. 그러던 중 시장이 열렸습니다.

"자, 야자열매 한 개에 조개껍데기 5개입니다!"

야자열매를 파는 오르락 군이 소리치자, 달콤 아주머니가 다가가 물었습니다.

"야자열매 한 개에 조개껍데기 1개 아니었어? 왜 이렇게 비싼 거야?"

"이번 폭풍우에 야자나무가 거의 다 쓰러져서요. 이 야자열매도 겨우 구한 거랍니다. 저도 야자열매를 팔아서 먹고 살아야 하니 이 정도는 받아야 해요."

"사정이 그렇다면 할 수 없지, 뭐. 야자열매 네 개 줘."

오르락 군의 말에 달콤 아주머니는 비싼 가격에 야자열매를 사 갔습니다.

다음 장날, 사람들은 깜짝 놀랐습니다. 달콤 아주머니의 야자빵은 원래 한 덩이에 조개껍데기 1개였는데 조개껍데기 3개로 오르지 않았겠어요?

"저도 어쩔 수 없답니다! 야자빵을 만드는 데 필요한 야자열매 가격이 올랐거든요."

달콤 아주머니가 미안해했습니다.

"이런, 우리 삐약이는 아침에 꼭 야자빵을 먹는데, 별수 없지. 야자빵 두 덩이 줘요."

꼬꼬 아주머니는 어쩔 수 없이 야자빵을 오른 가격에 사 갈 수밖에 없었습니다.

그 다음 장날, 이번에는 달걀 가격이 올랐습니다. 달걀 세

개에 조개껍데기 1개였는데, 이제는 달걀 한 개에 조개껍데기 1개가 된 거예요. 달걀 요리를 좋아하는 이영차 군이 깜짝 놀라 말했습니다.

"꼬꼬 아주머니, 야자열매가 비싸져서 야자빵 가격이 오른 것은 알겠는데, 대체 달걀 가격은 왜 오른 거예요?"

꼬꼬 아주머니는 한숨을 내쉬며 말했습니다.

"이영차 군, 우리 집은 매일 야자빵을 먹어야 하는데, 달걀을 평소 가격으로 팔아서야 비싼 야자빵을 살 수가 있어야지. 그래서 달걀 가격을 올렸어."

이영차 군은 한

숨을 내쉬었습니다.

"이런, 아무래도 달걀과 야자열매를 사 먹으려면 내 생선 가격도 올려야겠군요."

결국 이런 식으로 따로섬의 모든 물건값이 올랐습니다. 사람들은 못 살겠다며 아우성을 쳤습니다.

'야자열매는 조금밖에 열리지 않는데 필요한 사람은 많아. 그러니 가격이 비싸질 수밖에……'

곰곰 할머니는 곰곰이 생각했습니다. 그러다 번뜩 좋은 생각이 떠올랐습니다.

"이번 폭풍우에 야자나무들은 다 넘어갔지만, 바나나는 잘 자라고 있잖아. 당분간 야자열매 대신 싼 바나나를 먹으면 어때?"

이때부터 사람들은 야자열매 대신 싼 바나나를 먹기 시작했습니다. 달콤 아주머니는 바나나빵을 만들었고, 꼬꼬 아주머니는 아침 식사로 바나나빵을 사 갔습니다. 그러자 마구마구 올랐던 물건값이 그제야 조금씩 떨어지기 시작했답니다. 물론 야자열매와 야자빵, 야자주스의 가격은 내리지 않았지만요.

어느 날 아침이었습니다. 마당으로 나간 오르락 군은 눈을 의심했습니다. 일으켜 세워 동여맨 야자나무에 다시 야자열매가 주렁주렁 달렸습니다. 장날이 되자, 오르락 군은 야자열매를 잔뜩 따서 광장으로 향했습니다.

"달고 맛있는 야자열매 사세요, 야자열매가 다시 달렸어요!"

그런데 이게 웬일일까요? 아무도 야자열매를 사러 오지 않았습니다. 다들 바나나만 사 갔습니다. 달콤 아주머니도 바나나를 사러 왔습니다.

"오르락 군, 바나나 세 송이 부탁해."

"야자열매도 사세요. 새로 열린 야자열매가 무척 달고 맛있어요."

달콤 아주머니는 난감한 얼굴을 하였습니다.

"야자열매가 너무 비싸서 말이야. 이제 야자열매가 많이 달린다면 가격을 좀 내리면 어때?"

야자열매가 비싸서 사람들이 잘 사지 않는다는 사실을 안 오르락 군은 야자열매 가격을 조개껍데기 3개로 내렸습니다. 그러나 여전히 팔리지 않았습니다.

그때 곰곰 할머니가 바나나를 사러 왔습니다. 오르락 군은 고개를 갸우뚱거리며 물었습니다.

"곰곰 할머니, 야자열매 가격을 내렸는데 왜 아무도 안 살까요?"

"허허, 이 사람아. 이미 다들 비싼 야자열매 대신 바나나를 먹기 시작했다네. 야자열매가 다시 잘 달린다면 예전 가격으로 팔아 보면 어떤가?"

"하지만 가격을 내리면 제가 돈을 많이 못 벌잖아요?"

오르락 군이 울상을 지었습니다.

"하지만 야자열매를 사는 사람이 있어야 자네가 돈을 벌지? 하나도 못 팔면 돈도 못 버는 것 아닌가?"

곰곰 할머니의 말에 오르락 군은 고개를 끄덕였습니다.

"그렇군요! 좋아요, 가격을 다시 조개껍데기 1개로 내려야겠어요."

오르락 군은 야자열매 가격표를 조개껍데기 1개로 다시 고

쳐 달고 외쳤습니다.

"야자열매가 예전처럼 조개껍데기 1개! 맛은 나무가 쓰러지기 전보다 더 좋아요! 둘이 먹다 하나가 죽어도 모를 맛입니다요!"

그러자 사람들이 다시 모여들었습니다.

"이제 야자빵 가격을 다시 내릴 수 있겠어요."

달콤 아주머니가 야자열매를 사 갔습니다.

"예전 가격으로 돌아왔네. 이제 야자주스를 해 먹어도 괜찮겠어."

꼬꼬 아주머니도 야자열매를 사 갔습니다.

오르락 군의 가게에는 다시 야자열매를 사려는 사람이 많아졌습니다. 곰곰 할머니가 다가오자, 오르락 군은 겸연쩍게 웃으며 말했습니다.

"제가 팔고 싶다고 무조건 팔 수 있는 게 아니었어요. 살 사람이 원하는 가격과 맞아야 물건을 팔 수 있다는 사실을 알았어요."

"그렇지! 가격은 파는 사람과 사는 사람이 함께 정하는 것이니까."

두 사람은 잘 익은 야자열매를 통통 치며 함께 미소를 지었습니다.

> 똑똑똑 경제

가격의 형성

▶ 수요의 법칙

사람들이 물건을 사고 싶어 하는 양이 '수요량'이에요. 수요량은 가격에 따라 변해요. 예를 들어 사탕이 200원일 때 사고 싶어 하는 사람이 사탕을 2000원에 판다면 사고 싶어 하지 않을 수도 있어요. 보통 가격이 높으면 수요량이 줄고, 가격이 낮으면 수요량이 늘어요. 이것을 '수요의 법칙'이라고 해요.

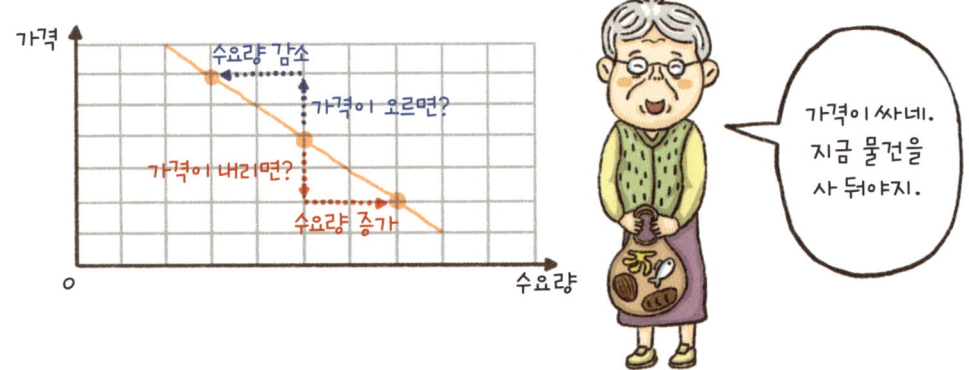

▶ 공급의 법칙

물건을 팔려고 내놓은 양이 '공급량'이에요. 공급량도 가격에 따라 달라져요. 초콜릿 가격이 5000원이면 공급자들이 팔고 싶어 하겠지만, 500원밖에 되지 않으면 팔고 싶어 하지 않을 거예요. 높은 가격에 팔아야 이득이 크니까요. 상품의 가격이 오르면 공급량이 늘고, 가격이 낮아지면 공급량이 감소하는 관계를 '공급의 법칙'이라고 해요.

가격의 형성

물건의 가격은 수요와 공급에 따라 달라져요. 옥수수를 먹으려는 사람은 많은데 옥수수 공급량이 적으면 옥수수는 점점 비싸져요. 가격이 높아도 사려는 사람들(수요자)이 있을 거니까요. 반대로 옥수수 공급량은 많은데, 옥수수를 먹으려는 사람은 적으면 가격은 점점 낮아져요. 사람들(공급자)은 가격을 낮추어서라도 팔려고 할 테니까요. 가격은 이렇게 변하다가 수요와 공급이 균형을 이루었을 때 결정되어요.

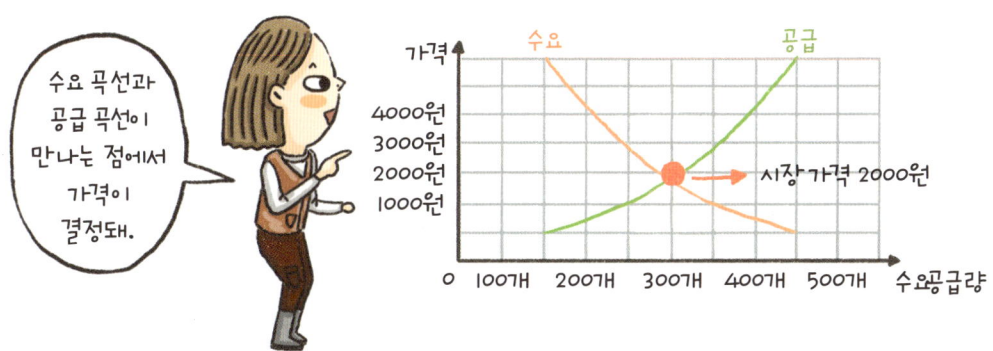

6장 어느 것이 더 필요할까?

원하는 것은 많은데 가지고 있는 돈은 한정되어 있어요. 그럴 때 우리는 선택을 해야 해요. 가장 큰 만족을 주는 쪽을 선택하는 것을 **합리적 선택**이라고 해요.

거울을 살까, 반지를 살까?

동글 아가씨는 집 청소를 하다가 문득 거울이 깨진 것을 알아차렸습니다. 거울은 한쪽 귀퉁이부터 깨져서 금이 점점 내려오고 있었습니다.

"어머, 거울이 왜 이렇게 되었지? 아무래도 새로 하나 사야겠어."

다음 장날, 동글 아가씨는 조개껍데기 20개를 주머니에 넣고 반짝 아가씨에게 갔습니다.

"반짝 아가씨, 나 거울이 필요해요. 어떤 거울이 있나 한번 둘러볼게요."

"그래요, 천천히 구경해요."

동글 아가씨는 거울이 모여 있는 곳으로 가서 잘 살펴보았습니다. 예쁜 리본 장식이 있는 손거울도 있고, 화장대에 놓는 동그란 거울도 있고, 커다랗고 긴 거울도 있었습니다.

"음, 이 손거울이 예쁘긴 하지만, 지금 나는 긴 거울이 필요해."

크고 긴 거울을 사려고 돌아서는 순간, 동글 아가씨의 눈에 무언가 띄었습니다. 반짝반짝 빛나는 진주 반지였습니다.

"반짝 아가씨, 이 반지 너무 예뻐요!"

"어머, 동글 아가씨는 알아볼 줄 알았어요. 어제 이영차 군이 조개를 낚았는데, 그 안에 저렇게 커다란 진주가 있지 뭐예요? 냉큼 사 가지고 와서 반지를 만들었어요. 한번 끼어 봐요. 동글 아가씨한테 잘 어울리겠어요."

동글 아가씨는 반지를 끼어 보았습니다. 세상에! 이렇게 영롱하고 예쁜 반지가 어디 있겠어요? 동글 아가씨는 반지가 마음에 쏙 들었습니다.

"반지가 정말 예뻐요. 얼마예요?"

"조개껍데기 15개예요. 아까 보던 긴 거울은 조개껍데기 12개고요. 둘을 같이 사면 조개껍데기 27개지만, 조개껍데기

25개에 드릴게요."

그 말을 듣고 동글 아가씨는 고민에 빠졌습니다. 조개껍데기가 20개밖에 없었기 때문이지요. 울상이 된 동글 아가씨에게 반짝 아가씨가 덧붙였습니다.

"그 반지, 아까 전에 꼬꼬 아주머니가 보고 갔어요. 다시 가게에 왔을 때 반지가 있으면 사겠다고……. 뭐, 거울도 좋은 거니까 잘 결정해요."

꼬꼬 아주머니가 반지를 사 갈지도 모른다니, 동글 아가씨는 고민하기 시작했습니다.

'나에게 거울은 꼭 필요하지만, 반지는 그다지 필요한 물건은 아니야. 거울은 매일매일 내 옷매무새를 다듬을 때 보지만, 반지는 꼭 끼고 나가야만 하는 물건은 아니야. 하지만 반지는 지금이 아니면 영영 살 수 없어. 거울은 언제든 살 수 있잖아. 게다가 저 반지는 너무 예뻐! 나는 지금 조개껍데기 20개가 있으니까 조개껍데기 15개만 쓰면 살 수 있잖아.'

결국 동글 아가씨는 마음을 정했습니다.

"반짝 아가씨, 내가 이 반지 살게요."

"어머, 잘 생각했어요. 조개껍데기 15개예요."

동글 아가씨는 예쁜 반지를 끼고 흐뭇한 표정으로 집에 돌아왔습니다.

"오늘 뚝딱 아저씨와 달콤 아주머니 집에 저녁 식사 초대를 받았으니까, 그때 끼고 가야겠어."

동글 아가씨는 예쁜 옷을 골라 입고 머리를 매만졌습니다. 몸단장을 하고 거울을 보는데 길게 금이 가서 얼굴이 잘 보이지 않았습니다. 하지만 예쁜 반지를 낀 동글 아가씨는 기분 좋게 저녁 식사를 하러 뚝딱 아저씨와 달콤 아주머니 집으로 갔습니다.

"동글 아가씨, 어서 와. 요리가 막 완성되었어. 근데 이게 뭐야?"

눈이 동그래진 달콤 아주머니를 보고 동글 아가씨가 자랑스럽게 말했습니다.

"아, 이 반지요? 아까 반짝 아가씨에게 샀어요. 정말 예쁘죠?"

그 말에 달콤 아주머니는 잠시 머뭇거

리다가 말했습니다.

"그래, 반지는 정말 예쁘네! 그런데 동글 아가씨, 얼굴에 뭐가 묻었어."

달콤 아주머니는 얼른 거울을 가져와 동글 아가씨 얼굴을 비췄습니다. 어디서 묻었는지 코에 검댕이 묻어서 우스꽝스러운 모습이었습니다. 동글 아가씨는 부끄러움에 얼굴이 새빨개졌습니다.

"동글 아가씨는 오늘 꼭 필요한 거울을 사지 않고, 충동적으로 반지를 샀기 때문에 이런 일이 벌어진 거야. 조개껍데기는 한정돼 있으니, 하나를 고르면 다른 건 포기해야 하니까 말이야. 결국 반지를 사느라 거울을 살 기회까지 비용으로 지불한 셈이지. 다음부터 현명하게 판단하고 사라고."

뚝딱 아저씨의 위로에 동글 아가씨는 얼굴이 화끈거렸습니다. 다음부터는 꼭 필요한 물건을 사야겠다고 생각했습니다.

: 똑똑똑 경제

합리적 선택

쓸 수 있는 돈은 한정 되어 있기 때문에 원하는 것을 다 가질 수 없어요. 그래서 가장 적은 돈으로 가장 만족스러운 것을 고르는 합리적 선택을 해야 해요. 그럼, 합리적 선택은 무엇일까요? '기회비용'이 가장 적은 것이에요.

어느 한 가지를 선택함으로써 포기해야 하는 것을 '기회비용'이라고 해요. 떡볶이와 김밥 중 하나를 골라야 할 때, 떡볶이를 고르면 김밥은 포기해야 하지요. 이때, 떡볶이를 선택함으로써 포기한 김밥의 가치가 '기회비용'이에요.

만약 떡볶이를 먹는 것의 만족도가 10이고, 어묵을 먹는 것의 만족도가 7이라면 어떤 선택을 하는 것이 좋을까요? 떡볶이를 선택하는 것이 좋겠지요. 이때의 기회비용은 어묵을 먹을 때의 만족도예요. 어묵을 먹었을 때의 기회비용이 더 적기 때문에 떡볶이를 선택한 것이 더 현명한 선택이랍니다.

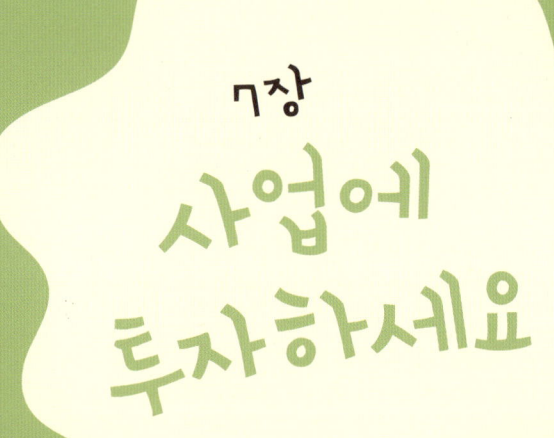

7장
사업에 투자하세요

회사를 세우거나 사업을 확장할 때, 주식이라는 증서를 사람들에게 주고 돈을 받아요. 주식을 팔아서 돈을 마련한 회사를 **주식회사**라고 해요.

내 일을 도와주세요

겨울이 오려는지 따로섬 날씨가 부쩍 추워졌습니다. 도끼 씨는 장작을 패서 내다 팔았습니다. 날씨 때문에 장작 주문이 많아져서 무척 바빴습니다.

'요즘 장작이 잘 팔리네. 장작 사업을 더 크게 하려면 어떡해야 하지? 음… 우선 일꾼을 한 명 고용해야 하고, 장작을 팰 도끼와 큰 수레도 장만해야 하고.'

그게 다가 아니었습니다.

'미리미리 장작을 많이 패서 쌓아 놓으려면 큰 창고도 필요해.'

도끼 씨는 벌떡 일어나 통장을 꺼내 보았습니다. 모아 놓은 돈이 그리 많지 않았습니다. 은행에서 돈을 빌릴까 생각해 보았지만 이내 고개를 저었습니다. 지난번에 새 도끼를 살 때 이미 돈을 빌렸거든요. 이번엔 도끼뿐 아니라 수레에 창고까지 마련해야 하니, 돈이 더 많이 필요했습니다.

"누군가 남는 돈을 빌려주면 내가 장작 사업을 크게 할 수 있을 텐데……. 돈을 빌려준 사람한테 빌려준 돈보다 더 큰 보답을 해 주고."

멋진 상상을 하던 도끼 씨는 벌떡 일어나, 직접 돈을 빌리러 가 보기로 했습니다. 가장 먼저 찾아간 곳은 닭을 키우는 꼬꼬 아주머니네 집이었습니다.

"꼬꼬 아주머니, 계세요?"

꼬꼬 아주머니는 닭장에서 따끈따끈한 달걀을 담던 중이었습니다.

"어서 와요, 도끼 씨. 지난번에 받은 장작이 아주 잘 말랐더라고. 고마워요!"

"저, 아주머니, 드릴 말씀이 있어요."

도끼 씨는 꼬꼬 아주머니에게 자신의 생각을 말했습니다.

"제가 장작 사업을 좀 크게 하고 싶어요. 그러려면 일꾼을 한 명 고용해야 하고, 새 도끼와 수레, 창고도 필요해요. 그래서 돈이 좀 있어야 하는데, 제게 돈을 빌려주시겠어요? 빌려주셨다는 것을 증명하는 증서를 드릴게요. 이익이 나면 꼬꼬 아주머니한테도 나눠 드리고요."

꼬꼬 아주머니는 흔쾌히 승낙했습니다.

"좋아! 남는 돈이 꽤 있어서 은행에 넣을 생각이었는데 도끼 씨한테 빌려주지, 뭐. 도끼 씨는 항상 열심히 일하는 데다가, 장작 품질이 좋아서 믿을 수 있거든. 자, 여기 조개껍데기 30개야. 열심히 일해서 꼭 이득을 내라고."

"아주머니, 감사합니다. 조개껍데기 3개당 이 증서 한 장씩이에요. 열 장 드릴게요."

도끼 씨는 꼬꼬 아주머니에게 감사 인사를 했습니다.

그 다음으로 도끼 씨는 까까 군에게 갔습니다.

"까까 군, 내가 장작 파는 사업을 좀 크게 하고 싶어. 그러려면 일꾼을 한 명 고용해야 하고, 새 도끼와 수레, 창고도 필요해. 그래서 돈이 좀 있어야 하는데, 이 증서를 줄 테니 돈을 좀 빌려주겠나? 이익이 나면 까까 군한테도 나눠 줄게."

이야기를 듣고 곰곰이 생각해 본 까까 군도 흔쾌히 승낙했습니다.

"그래요! 도끼 씨가 얼마나 열심히 일하는지 아니까 빌려드릴게요. 분명히 사업을 아주 잘하실 거예요. 꼭 멋지게 성공하세요!"

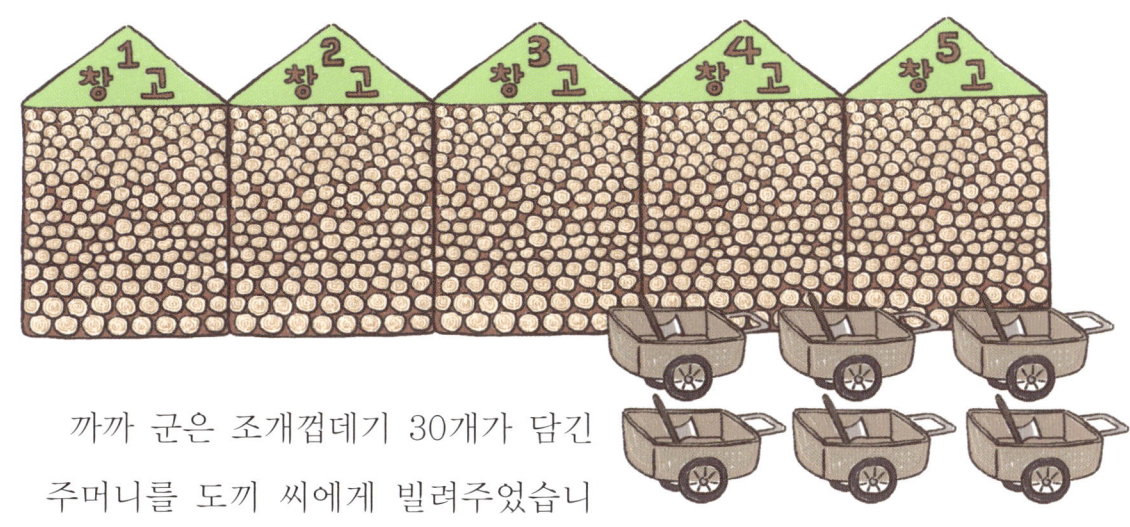

　까까 군은 조개껍데기 30개가 담긴 주머니를 도끼 씨에게 빌려주었습니다.

"까까 군, 고마워! 조개껍데기 3개에 이 증서 한 장이야. 모두 열 장 줄게."

　도끼 씨는 까까 군에게 증서를 주고 감사 인사를 했습니다.

　도끼 씨는 이런 식으로 곰곰 할머니, 동글 아가씨, 오르락 군, 이영차 군에게 증서를 주고 돈을 빌렸습니다. 평소에 성실하게 일한 덕에 모두들 쉽게 돈을 빌려주었습니다. 도끼 씨는 빌린 돈으로 일꾼을 부르고, 창고를 짓고, 도끼와 수레도

여러분에게 이익금을 나눠 드리겠습니다.

샀습니다. 그리고 열심히 질 좋은 장작을 패서 팔았습니다. 도끼 씨의 장작이 좋다는 입소문이 나면서 따로섬 사람들 모두 도끼 씨의 장작을 사서 쓰게 되었습니다. 그만큼 도끼 씨는 돈을 많이 벌었습니다.

어느 날 저녁, 도끼 씨에게 돈을 빌려준 사람들이 증서를 들고 도끼 씨의 집에 모였습니다.

"여러분, 모두 감사합니다. 덕분에 제가 좋은 장작을 패서 많이 팔 수 있었어요. 장작을 팔아서 남은 이익금을 여러분에게 나눠 드리려고 해요. 증서 한 장당 조개껍데기 1개씩 이익금을 드릴게요."

모두들 조개껍데기를 받고 기뻐했습니다. 이 소문은 금세 섬 전체에 퍼졌습니다.

"소문 들었어요? 도끼 씨에게 조개껍데기를 빌려주고 증서를 받으면 이익을 나눠 준대요!"

"그게 정말이에요? 나도 그 증서를 사고 싶군요!"

모두들 도끼 씨의 증서를 사고 싶어 했습니다. 도끼 씨의 증서를 사고 싶은 사람은 많은데 증서의 수는 많지 않아 증서의 가격은 점점 올랐습니다. 처음에는 증서 한 장에 조개껍데기

3개였는데, 이제는 조개껍데기 5개가 되었습니다. 처음에 증서를 조개껍데기 3개를 주고 샀던 사람들은 증서를 조개껍데기 5개에 팔아 증서 한 장당 조개껍데기 2개만큼 이익을 얻었습니다.

얼마 뒤 도끼 씨는 일꾼을 더 부르고, 창고를 하나 더 짓기로 했습니다. 그래서 증서를 더 만들어 마을 전체를 돌며 돈을 빌렸습니다.

"여러분, 장작 회사를 위해 돈을 빌려주세요. 열심히 일해서 보답하겠습니다!"

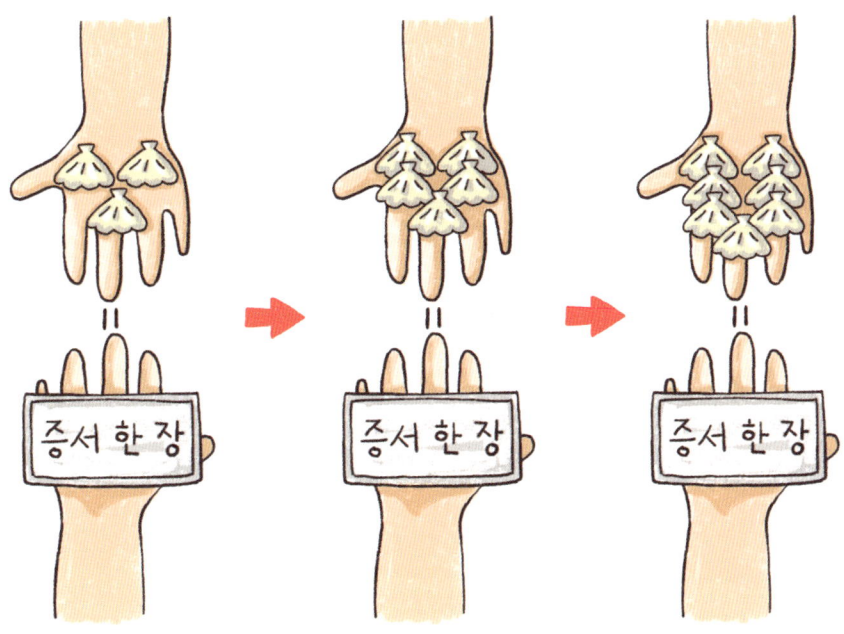

도끼 씨의 말에 사람들이 구름처럼 몰려들었습니다. 그 바람에 도끼 씨의 증서는 한 장에 조개껍데기 7개가 되었습니다. 도끼 씨는 빌린 돈으로 일꾼을 두 명이나 더 구하고, 더 큰 창고도 지었습니다.

"축하해, 도끼 씨. 역시 성공할 줄 알았어!"

꼬꼬 아주머니가 도끼 씨의 등을 두드리며 칭찬했습니다.

"저를 믿고 돈을 빌려준 아주머니 덕분이에요. 더 열심히 해서 이익을 많이 나누어 드릴게요!"

도끼 씨는 밝은 얼굴로 영차영차 장작을 패러 갔습니다.

똑똑똑 경제

주식회사의 주인, 주주

회사를 만들거나 키우려고 할 때는 많은 돈이 필요해요. 기업은 많은 돈을 구하기 위해 '주식'이라는 증서를 만들고, 이것을 개인들에게 팔아요. 이 증서를 가지고 있는 사람을 '주주'라고 하지요. 이렇게 자금을 마련해 세운 회사를 '주식회사'라고 하고요. 따라서 주식을 가진 '주주'들은 모두 주식회사의 주인이라고 할 수 있어요.

주식 가격의 변화

주식회사가 물건을 팔아 이익을 내면 주주가 가지고 있는 주식의 양에 따라 주주들에게 이익을 나누어 주어요. 이것을 '배당'이라고 해요. 만약 어떤 회사가 만든 물건이 잘 팔린다면 주주에게 주는 배당금이 커질 거라는 기대 때문에 주식 가격이 올라요. 반대로 물건에 문제가 있다거나 경영 위기가 닥치면, 그 회사의 주식 가격은 내려가겠지요. 이렇게 주식의 가격은 정해져 있는 것이 아니고 상황에 따라서 바뀐답니다. 그런데 주식은 예금과 달리 원금을 돌려받지 못할 수도 있어 좀 위험한 자산이에요.

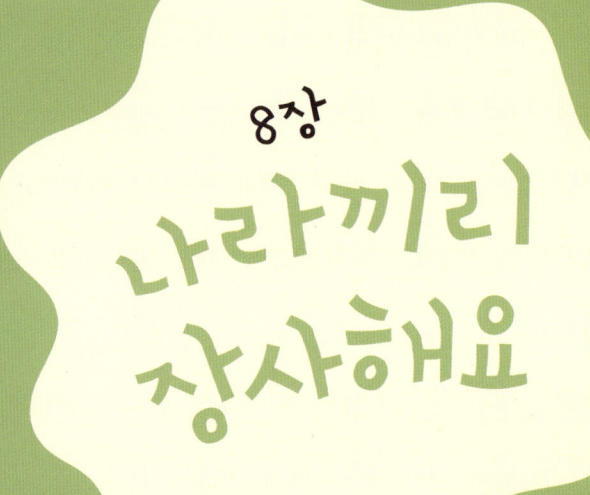

8장 나라끼리 장사해요

나라와 나라 사이에 필요한 것을 사고파는 것을 **무역**이라고 해요.
물건뿐만 아니라 눈에 보이지 않는 기술이나 서비스도 사고팔 수 있어요.

멀리섬 사람들이 찾아왔어요

 어느 평화로운 오후, 시장이 열리는 날이었습니다. 사람들은 시장에 물건을 내놓고 필요한 물건을 사고파는 중이었습니다. 그때 이영차 군이 헐레벌떡 달려왔습니다.
 "여러분, 큰 배가 나타났어요! 정말 큰 배예요! 제 배보다 다섯 배는 큰 것 같아요. 어서 바닷가로 가요!"
 이영차 군을 따라 마을 사람들 모두 바닷가로 달려갔습니다. 이영차 군이 가리킨 쪽에는 정말 커다란 배가 따로섬을 향해 다가오고 있었습니다.
 커다란 배는 점점 다가와 따로섬의 바닷가에 도착했습니다.
 "친구들, 안녕하세요! 우리는 멀리섬에서 온 사람들입니다.

반갑습니다!"

배에서 내린 사람들은 스스로를 '멀리섬'에서 왔다고 말했습니다.

"반갑습니다! 그런데 어떻게 우리 따로섬에 오게 되었습니까?"

족장님이 묻자, 멀리섬 사람들의 우두머리인 머나먼 씨가 허허 웃으며 말했습니다.

"예전부터 멀리섬에는 해가 뜨는 쪽으로 서른 밤 여행하면 다른 사람들을 만날 수 있다는 전설이 전해 내려왔지요. 그래서 배를 타고 딱 열다섯 밤 왔는데 벌써 섬이 보이지 않겠어요? 섬이 보이자 저와 선원들은 더 신나게 노를 저었답니다."

그러면서 멀리섬 사람들은 준비해 온 선물을 꺼내 놓았습니다.

"이것은 작은 것을 크게 보이게 해 주는 돋보기이고요. 이것은 멀리섬 전통 무늬를 넣은 신발입니다. 향기로운 과일차와 아이들을 위한 귀여운 장난감도 가지고 왔습니다. 부디 여러분의 마음에 들면 좋겠습니다."

머나먼 씨의 말을 듣고 모두들 멀리섬에서 온 물건들을 구경했습니다.

"이야, 신기해! 돋보기로 보니까 정말 작은 것이 크게 보이는걸."

"신발 무늬가 정말 멋져. 이런 무늬를 어떻게 그렸을까?"

"따로섬에도 이런 물건이 있으면 좋겠다!"

즐거워하는 마을 사람들을 보고 족장님이 말했습니다.

"이렇게 받기만 해서 되겠나. 멀리서 오신 손님들께 무엇을 대접하면 좋을까?"

그 말에 오르락 군과 동글 아가씨가 손을 번쩍 들었습니다.

"마침 시장이 열리던 중이라 저희들이 과일을 가지고 있어요. 과일을 대접해 드릴게요."

동글 아가씨가 키운 멜론과 오르락 군이 딴 바나나가 접시에 담겨 나왔습니다. 멜론과 바나나를 먹어 본 멀리섬 사람들은 깜짝 놀랐습니다.

"입에서 사르르 녹는걸요. 정말 맛있어요."

접시에 담긴 과일을 전부 먹어치운 멀리섬 사람들이 아쉬워했습니다. 그때 버터 아저씨가 제안을 했습니다.

"이렇게 멋진 선물을 받았으니, 우리도 과일 선물을 좀 드리면 어떨까요?"

"그거 좋은 생각이네. 과일을 좀 실어 드리자고."

족장님과 사람들이 찬성했습니다. 멀리섬 사람들은 배에 과일을 잔뜩 싣고 따로섬 사람들의 배웅을 받으며 돌아갔습니다.

그날 밤, 따로섬 사람들은 족장님 집에 모여 멀리섬에서 선물 받은 차를 마셨습니다. 어린이들은 장난감을 가지고 즐겁게 놀았습니다. 과일차는 아주 향이 좋아 사람들이 모두 좋아했고, 신발의 알록달록한 무늬도 인기가 많았습니다.

선물 받은 과일차가 다 떨어질 무렵, 다시 머나먼 씨가 배를 타고 찾아왔습니다.

"친구들, 안녕하십니까. 물건을 더 많이 가지고 왔어요."

머나먼 씨가 싣고 온 물건들을 보고 따로섬 사람들은 몹시 기뻤습니다. 물건을 구경하는 따로섬 사람들에게 머나먼 씨가 머뭇거리며 말했습니다.

"저, 여러분. 혹시 멜론과 바나나를 더 구해 갈 수 있을까요? 섬에 멜론과 바나나를 가져갔더니 사람들이 너무나 좋아해서요."

그 말에 곰곰 할머니가 대답했습니다.

"오늘 마침 장이 서는 날이랍니다. 시장에서 머나먼 씨가 가져온 물건을 팔아 조개껍데기를 벌어서 그것으로 멜론과 바나나를 사 가면 어때요?"

"그거 좋은 생각이네요."

머나먼 씨가 기뻐했습니다. 머나먼 씨는 당장 광장 한쪽에 자리잡고 멀리섬에서 가져온 물건을 팔아 조개껍데기를 잔뜩 벌었습니다. 머나먼 씨는 그 조개껍데기를 들고 동글 아가씨와 오르락 군에게 갔습니다.

"멀리섬 사람들에게 제 멜론을 선보이다니 기뻐요."

동글 아가씨는 커다란 멜론을 잔뜩 골라 주었습니다.

"바나나가 참 맛있게 익었어요. 야자열매도 맛있으니까 다음에는 멀리섬 사람들에게 야자열매도 맛보여 주세요."

오르락 군도 노랗게 잘 익은 바나나를 잔뜩 골라 주었습니다.

　그 후로 머나먼 씨는 두 달에 한 번씩 멀리섬의 멋진 물건들을 큰 배에 가득 싣고 와서 시장에서 팔았습니다. 그렇게 번 돈으로 멜론과 바나나, 야자열매, 생선 등의 물건을 사서 돌아갔고요. 이렇게 따로섬 사람들과 멀리섬 사람들 사이에 물건이 서로 오가게 되었답니다.

똑똑똑 경제

우리나라의 무역

나라마다 기술 수준이나 자연 환경, 가지고 있는 천연 자원이 달라요. 그래서 다른 나라와 무역을 하는 제품도 나라마다 모두 다르지요.

우리나라는 천연 자원은 부족한데 기술력이 좋아요. 그래서 다른 나라로부터 원료나 천연 자원을 수입해서 반도체나 전자 기기 같은 첨단 제품들을 만들어 수출해요. 이렇게 원료를 수입하여 새로운 제품으로 만들어 다시 수출하는 무역을 '가공 무역'이라고 해요.

경제 세계화

▶ 경제 세계화의 장점

오늘날은 '세계화'로 인해 국경이 없는 것처럼 느껴질 때가 많아요. 교통수단과 통신수단의 발달로 각 나라와 사람들은 서로 부족한 것을 더욱 쉽게 얻게 되었지요. 우리나라에서 구하기 어려운 물건은 인터넷을 통해 다른 나라에서 직접 구매할 수도 있어요. 이렇게 나라 사이의 교류가 활발해지면 소비자들은 세계의 다양한 물건을 자유롭게 비교하고 선택할 수 있어요. 또 다른 나라의 소비자에게도 우리 물건을 팔 수 있게 되니 기업도 이익을 얻을 수 있지요.

▶ 경제 세계화의 단점

경제 세계화로 경쟁이 심해지면 중소기업이나 힘이 약한 생산자들은 상품을 팔기 어려워질 수 있어요. 동남아시아 지역의 값싼 쌀이 들어오면서 우리나라의 농부들이 제값으로 쌀을 팔지 못해 손해를 입기도 해요. 가난한 나라의 노동자들은 이익을 많이 남기려는 기업들 때문에 적은 대가만 받고 일해야 하기도 해요.

9장
물건에 문제가 생겼어요

돈을 주고 산 물건에 문제가 생겼을 때, 어떻게 해야 할까요?
소비자는 정당한 대가를 치르고 산 물건에 대해 **권리**를 가지고 있어요.

티셔츠 무늬가 사라졌어요

멀리섬 사람들이 두 달에 한 번씩 찾아올 때마다 특별히 커다란 시장이 열렸습니다. 따로섬 물건에다가 멀리섬에서 가져온 물건까지 합쳐졌기 때문이지요. 오늘이 바로 그날입니다. 따로섬 광장은 사람들로 북적였습니다.

"자, 멀리섬에서 가장 잘 나가는 옷입니다. 멋진 멀리섬 무늬의 티셔츠가 고작 조개껍데기 6개!"

멀리섬의 뱅글 씨가 옷을 내놓고 팔았습니다. 여태껏 따로섬 사람들은 줄무늬 같은 아주 간단한 무늬의 옷만 입었는데, 뱅글 씨가 파는 옷들은 아주 멋진 무늬였습니다. 구름 무늬, 물방울 무늬, 심지어 박쥐 무늬도 있었지요.

가장 먼저 반짝 아가씨가 달려갔습니다. 물방울 무늬의 티셔츠는 멋쟁이 반짝 아가씨의 마음에 쏙 들었습니다.

"뱅글 씨, 정말 멋진 옷이네요. 여기 조개껍데기 6개예요."

값을 내고 뒤돌아서는 반짝 아가씨를 뱅글 씨가 불렀습니다.

"이 옷은 꼭 조심히 빨아야 해요. 조심히 빨지 않으면 이 멋진 무늬가 모두 도망간답니다!"

"염려 마세요, 조심히 빨 테니까요!"

다음으로 꼬꼬 아주머니가 티셔츠를 보러 왔습니다.

"세상에, 이 구름 무늬 좀 봐. 정말 멋진 옷이네요."

꼬꼬 아주머니는 조개껍데기를 6개 내고 티셔츠를 샀습니다. 뱅글 씨는 꼬꼬 아주머니에게도 아까와 같은 말을 또 했습니다.

"이 옷은 꼭 조심히 빨아야 해요. 조심히 빨지 않으면 이 멋진 무늬가 모두 도망간답니다!"

"염려 마세요, 조심히 빨 테니까요!"

꼬꼬 아주머니도 반짝 아가씨와 같은 말을 하고는 신이 나서 집으로 돌아갔습니다.

다음 날, 반짝 아가씨는 물방울 무늬 티셔츠를 조심스럽게 빨기 시작했습니다. 문지를 때도 살살, 헹굴 때도 살살. 다 빨고 널 때도 아주 조심히 옷을 널었답니다. 그런데 뭔가 이상했어요. 무늬가 잘 보이지 않는 거예요.

"원래 이렇게 무늬가 흐렸던가? 마르면 괜찮겠지, 뭐."

반짝 아가씨는 티셔츠를 넌 뒤, 구슬을 꿰어 팔찌를 만들기 시작했습니다. 팔찌를 열 개쯤 꿰었을 때 반짝 아가씨는 옷이 잘 마르나 살펴보았습니다. 그런데 여전히 옷이 좀 이상했습니다.

"어머, 무늬가 다 어디 갔지?"

무늬가 거의 남지 않은 티셔츠를 들고 반짝 아가씨는 울상을 지었습니다. 하지만 이내 자기 머리를 콩 때리며 말했습니다.

"내가 실수한 모양이야. 옷을 더 살살 빨았어야 했는데……."

그때였습니다. 멀리서 꼬꼬 아주머니가 뛰어오는 것이 보였습니다.

"어머, 꼬꼬 아주머니, 웬일이에요?"

"반짝 아가씨 옷도 이래? 내 옷은 빨고 나니 구름 무늬가 다 사라져 버렸지 뭐야."

그제서야 꼬꼬 아주머니의 눈에 반짝 아가씨 옷이 보였습니다.

"반짝 아가씨가 산 옷도 그러네? 나 정말 조심해서 빨았다구. 뱅글 씨가 무늬가 지워질 수 있으니 조심하라고 말해서 정말

로 살살 빨았단 말이야. 그런데도 이렇게 되었어."

"어머, 저는 제가 잘못 빤 줄 알았어요. 꼬꼬 아주머니, 우리 다음 장날에 뱅글 씨에게 한번 가 봐요."

두 달 후 장날이 되자, 반짝 아가씨와 꼬꼬 아주머니는 무늬가 지워진 티셔츠를 들고 뱅글 씨를 찾아갔습니다.

"뱅글 씨, 이 옷 아주 살살 빨았는데도 무늬가 다 지워졌어요. 이 물건 문제가 있는 거 아닌가요? 다른 물건으로 바꿔 주거나 조개껍데기를 돌려주세요."

그런데 뱅글 씨가 돋보기안경을 고쳐 쓰며 이렇게 말하지 뭐예요?

"에이, 그래서 제가 말했잖아요. 무늬가 지워질 수 있으니, 옷을 아주 살살 빨아야 한다고요. 저는 경고하고 팔았으니까 책임 없어요."

뱅글 씨의 뻔뻔스런 태도에 반짝 아가씨와 꼬꼬 아주머니는 몹시 화가 났습니다. 그래서 '뱅글 씨에게 질 나쁜 옷을 산 사람을 찾습니다!'라는 팻말을 들고 마을 전체를 돌아다니며 피해 입은 사람들을 불러 모았습니다. 그런 다음 뱅글 씨에게 산 옷을 들고 족장님을 찾아가 자초지종을 말했습니다.

"음, 이런 일이 있어서는 안 되지. 뱅글 씨를 불러와야겠네."

잠시 후 사람들이 뱅글 씨를 데리고 왔습니다.

족장님이 조용조용 말했습니다.

"뱅글 씨, 이 사람들이 당신한테 불량 티셔츠를 샀다고 합니다. 어떻게 된 일인가요?"

뱅글 씨는 억울하다는 듯한 목소리로 말했습니다.

"저는 분명히 이 옷을 살살 빨아야 한다고 말했어요. 그런데도 무늬가 지워진 것은 사람들이 살살 빨지 않았기 때문이에요. 게다가 이렇게 멋진 무늬가 있는데도 조개껍데기 6개만 받고 싸게 팔았으니 아무 문제가 없다고 생각해요."

그 말에 꼬꼬 아주머니가 화를 내며 말했습니다.

"여기 있는 사람들이 모두 옷을 세게 빨았다고 말할 생각이에요? 우리는 모두 옷을 아주 살살 빨았다고요. 그렇죠, 여러분?"

모두들 자신이 얼마나 옷을 살살 빨았는지 설명하느라 매우 소란스러워졌습니다. 족장님은 모두를 조용하게 하고 이야기를 이어 나갔습니다.

"뱅글 씨, 한 번 빨았는데 옷이 망가지는 것은 있을 수 없는 일입니다. 아무리 무늬가 아름답다 해도, 한 번 빨고 나서 무늬가 지워진다면 옷에 문제가 있는 것이에요. 내 말이 맞지요?"

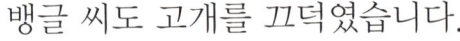

뱅글 씨도 고개를 끄덕였습니다.

"앞으로 누구라도 이렇게 잘못된 물건을 팔면, 다시는 따로섬에서 물건을 팔지 못하게 할 것입니다. 뱅글 씨는 손님들에게 사과하고, 옷값을 돌려주는 것이 좋겠어요."

그제서야 뱅글 씨가 사람들에게 사과했습니다.

"옷을 잘못 만든 것 같아요. 정말 미안합니

다! 조개껍데기를 돌려드리고 다음에는 정말 질 좋은 옷을 가져올 테니, 모두 용서해 주세요."

뱅글 씨는 모두에게 옷값을 돌려주었습니다. 마을 사람들도 뱅글 씨의 등을 두드리며 멋진 무늬가 있는 좋은 옷을 가져와 달라고 부탁했습니다. 뱅글 씨가 정직하게 물건을 팔 것을 다짐하는 모습을 보고 반짝 아가씨는 한숨을 내쉬었습니다.

"휴, 이번에는 내 실수가 아니었구나!"

그런 반짝 아가씨를 보고 족장님이 빙그레 웃었습니다.

"우리 따로섬 사람들도 잘못이 있네. 물건을 살 때 꼼꼼히 살피고 사야 하는데, 무늬가 멋지다고 무작정 산 건 잘못이야. 아무리 옷이 싸도 살 때는 꼼꼼히 살펴보아야 한다네."

족장님이 말하자 따로섬 사람들은 고개를 끄덕였습니다.

이 일을 계기로 앞으로 시장에서는 질 좋은 물건이 잘 팔릴 것 같아요. 그렇죠?

똑똑똑 경제

소비자 기본법

시장에는 아주 많은 물건이 있어요. 어떤 것이 좋고 나쁜지 일일이 따지기가 어렵지요. 또 기업에서 상품을 비양심적으로 만들거나 상품에 대한 정보를 제대로 표시하지 않아 소비자가 피해를 입는 경우도 있어요. 물건을 사는 개인의 권리를 지키기 위해 나라에서는 '소비자 기본법'이라는 법을 만들었어요. 소비자 기본법에서는 소비자가 누릴 8가지 권리를 말하고 있어요.

❶ 안전할 권리
❷ 알 권리
❸ 선택할 권리
❹ 의견을 표현할 권리
❺ 피해를 보상받을 권리
❻ 소비자 교육을 받을 권리
❼ 단체를 조직하고 활동할 권리
❽ 안전하고 쾌적한 환경에서 소비할 권리

소비자 문제 해결

구입한 상품에 문제가 생겼을 때 소비자는 여러 가지 방법으로 문제를 해결할 수 있어요. 대표적으로 애프터서비스와 리콜제가 있어요.

▶ 애프터서비스

'애프터서비스'는 제조업자가 상품을 판매한 이후에도 상품 수리나 점검 등을 해 주는 일을 말해요. 판매한 상품에 책임을 지는 것이지요. 외국에서는 보통 커스토머 서비스(customer service)라고 해요.

▶ 리콜제

제품 한 개가 아니라 대부분, 혹은 여러 개에 문제가 있어 논란이 될 때가 있어요. 그럴 때 업체는 제품을 산 사람에게서 물건을 모두 거둬들이고, 새것으로 바꾸어 주는 것은 물론 보상금까지 지급하기도 해요. 이처럼 문제점이 발견되었을 때, 생산한 기업이 문제를 인정하고 제품을 환불해 주거나 교환 또는 수리해 주는 제도를 '리콜제'라고 해요.

10장 이 물건은 어디서 왔을까?

물건이 생산되고 우리에게 오기까지 많은 과정을 거쳐요.
물건이 어떻게 우리에게 오는지 살펴보아요.

장난감이 꼬불이에게 올 때까지

"생일 축하해, 꼬불아!"

오늘은 뚝딱 아저씨와 달콤 아주머니의 귀여운 아들, 꼬불이의 생일입니다. 꼬불이는 달콤한 바나나 케이크의 촛불을 끄고 장난감을 선물로 받았습니다. 케이크는 입에서 살살 녹을 정도로 맛있었습니다.

"엄마! 이 케이크는 어떻게 만드셨어요?"

"엄마가 곰곰 할머니한테 밀가루를 사고, 오르락 군한테 바나나를 사고, 버터 아저씨한테 버터와 우유를 사서 만들었지."

"아하, 이 케이크는 곰곰 할머니, 오르락 군, 버터 아저씨에게서 왔군요."

달콤 아주머니는 호호 웃었습니다.

"그래. 곰곰 할머니, 오르락 군, 버터 아저씨에게서 온 것들로 엄마가 만들었지."

"그럼 밀가루는 어떻게 만든 거예요?"

"밀가루는 호밀 씨가 밀밭에서 키운 밀을 곰곰 할머니가 방앗간에서 빻아 만들었지."

"아하! 밀가루는 호밀 씨에서 곰곰 할머니에게로, 곰곰 할머니에서 엄마에게로 왔군요."

"그렇지, 우리 꼬불이 똘똘한걸."

칭찬을 들은 꼬불이는 선물로 받은 장난감을 들어 올리며 물었습니다. 수레 모양의 장난감이었지요.

"그럼, 이 장난감은 어디서 샀어요?"

"그 장난감은 멀리섬에서 온 깜짝 씨에게서 산 거야. 항상 깜짝 놀랄 만한 장난감을 많이 가지고 오는 분이지."

"이 수레 장난감이 어디서 왔는지 알아보고 싶어요."

꼬불이는 장난감을 들고 재빨리 길을 나섰습니다. 마침 시장이 열리는 날이었거든요. 광장에 이르니, 장난감을 파는 아저씨가 한 분 계셨습니다. 꼬불이는 성큼성큼 그 아저씨에게 다가가 씩씩하게 인사했습니다.

"아저씨, 안녕하세요! 아저씨가 깜짝 씨인가요?"

"그래, 내가 깜짝이란다. 무슨 일이니?"

"아저씨, 저는 꼬불이에요. 아저씨가 가져온 이 장난감을 생일 선물로 받았어요. 저는 이 장난감이 어디서 왔는지 궁금해서 여쭤 보러 왔어요."

"그야 멀리섬에서 장난감을 만드는 데굴 씨한테서 가져왔지. 데굴 씨가 이 물건을 여기서 팔아 달라고 부탁했단다."

"그럼, 데굴 씨는 이 장난감을 어떻게 만든 거지요?"

깜짝 씨는 곰곰이 생각하더니 대답했습니다.

"어디 보자. 이 장난감은 나무로 만든 몸체를 가지고 있으니, 데굴 씨는 나무를 베어 파는 사람한테 나무를 샀을 거야. 나무 베는 사람은 산에서 나무를 베었을 거고."

"그럼, 따로섬에는 어떻게 가지고 오셨어요?"

"멀리섬 선장님이신 머나먼 씨가 배에 실어서 가져왔지."

꼬불이는 땅바닥에 장난감이 어떻게 왔는지 그려 보았습니다.

"우와, 이 장난감은 처음에는 산에서 왔네요. 그렇죠?"

깜짝 씨가 땅에 그린 것을 들여다보았습니다.

"산에서 재료를 구한 사람이 있고, 그 재료로 물건을 만든 사람이 있고, 물건을 운반해 준 사람이 있고, 이 물건을 판 내가 있구나. 내가 없었으면 네가 장난감을 가지고 놀 수 없었겠는걸. 내가 가장 큰 역할을 했네."

깜짝 씨의 말에 꼬불이가

아니라며 고개를 절레절레 흔들었습니다.

"아녜요, 아저씨. 만약 나무를 베는 사람이 없었다면 이 장난감은 만들지 못했을 거예요. 데굴 씨가 없었으면 장난감이 만들어지지 않았을 거고요, 또 머나먼 씨가 없었다면 장난감은 우리 따로섬에서 살 수 없었을 거예요. 아저씨도 중요하지만, 모두가 중요한 거예요."

꼬불이가 똑똑하게 말하자, 깜짝 씨가 하하 웃었습니다.

"그래, 네 말이 맞다 꼬불아. 오늘 생일이라고 했지? 아주 똑똑하구나. 물건을 사서 가지고 노는 꼬불이도 참 중요한 사람인 것 같으니 아저씨가 선물을 하나 주마."

깜짝 씨는 보따리에서 예쁜 무늬가 있는 신발을 꺼내 주었습니다. 꼬불이는 예쁜 신발을 신고 팔짝팔짝 뛰었습니다.

"이 장난감이 어디서 왔는지도 알았고, 신발 선물도 받았으니, 오늘은 정말 신나는 생일이에요!"

크게 소리치는 꼬불이 때문에 깜짝 씨는 깜짝 놀라 의자에서 떨어졌습니다. 쿵! 깜짝 씨는 엉덩이가 아팠지만, 꼬불이가 기특해서 하하 웃었답니다.

톡톡톡 경제

물건이 우리에게 오기까지

우리가 쓰는 물건은 어떻게 우리에게 온 걸까요? 물건이 만들어져서 우리 손에 오기까지 많은 사람들의 역할이 필요해요.

▶ 생산자

시장에서 파는 농산물, 수산물, 학용품 등의 물건을 만드는 사람이나 기업을 생산자라고 해요. 물고기를 잡는 어부, 농사를 짓는 농부, 공장에서 일하는 근로자 모두 생산자예요.

▶ 운반자

생산자가 만든 물건을 소비자가 있는 곳까지 이동시켜 주는 사람을 운반자라고 해요. 운반자는 차, 배, 기차, 비행기 같은 운송 수단을 이용해 물건을 옮겨요.

▶ **판매자**

물건을 사서 소비자에게 파는 사람을 상인 또는 판매자라고 해요. 요즘은 생산자가 직접 판매자가 되어 물건을 팔기도 해요. 물건뿐만 아니라 기술이나 서비스를 파는 사람도 판매자예요.

▶ **소비자**

시장에서 필요한 물건을 돈을 주고 사는 사람을 소비자라고 해요. 소비자는 품질과 가격을 따져서 물건을 사요. 마트나 백화점, 인터넷 쇼핑몰 등 자신이 원하는 곳에서 물건을 구입할 수 있어요.

증서를 팔아 사업이 번창한 도끼 군이 잔치를 열었어요. 잔치에 온 따로섬 사람들은 맛난 음식을 먹으며 저마다 안부를 나누었어요.

오르락 군은 야자열매 농사가 잘되어 바쁘게 지냈고, 꼬꼬 아주머니와 버터 아저씨는 열심히 일해서 삐약이에게 예쁜 새 옷을

선물했대요. 곰곰 할머니가 은행에서 돈을 잘 관리해 주어 따로섬 사람들은 걱정 없이 지냈어요.

　따로섬 사람들처럼 필요한 물건을 만들고, 나누고, 쓰면서 살아가는 생활이 다름 아닌 경제 활동입니다. 우리 친구들의 생활 속에도 경제가 있어요. 주위를 둘러보고, 경제를 찾아보세요!

01

여기는 따로섬 경제를 배웁니다 <small>오픈키드좋은어린이책추천, 으뜸책 선정</small>

펴낸날 초판 1쇄 2016년 7월 28일 | 초판 9쇄 2023년 5월 22일
글 원예지 | 그림 유설화 | 감수 윤기호
편집 안지은 | 디자인 SALT&PEPPER Communications | 홍보마케팅 배현석 송수현 | 관리 최지은 이민종
펴낸이 최진 | 펴낸곳 천개의바람 | 등록 제406-2011-000013호
주소 서울시 영등포구 양평로 157, 1406호 | 전화 02-6953-5243(영업), 070-4837-0995(편집)
팩스 031-622-9413 | 사진제공 국립민속박물관, 연합뉴스
ⓒ 원예지·유설화, 2016 | ISBN 979-11-87287-15-5 73320

- 이 책은 저작권법에 따라 보호받는 저작물이므로 무단전재와 무단복제를 금지하며,
  이 책 내용의 전부 또는 일부를 이용하려면 반드시 저작권자와 천개의바람의 서면 동의를 받아야 합니다.

이 도서의 국립중앙도서관 출판시도서목록(CIP)은 서지정보유통지원시스템 홈페이지(http://seoji.nl.go.kr)와
국가자료공동목록시스템(http://www.nl.go.kr/kolisnet)에서 이용하실 수 있습니다. (CIP제어번호: CIP 2016016748)

*잘못 만든 책은 구입하신 서점에서 바꾸어 드립니다. 천개의바람은 환경을 위해 콩기름 잉크를 사용합니다.
 종이에 베이거나 긁히지 않도록 조심하세요. 책 모서리가 날카로우니 던지거나 떨어뜨리지 마세요.

제조자 천개의바람 **제조국** 대한민국 **사용연령** 8세 이상